W0227087

WHISKY

✦ Das kleine Buch ✦

Inhaltsverzeichnis

GESCHICHTE DES WHISKYS

Der Siegeszug des Whiskys rund um den Globus hat sehr viel mit der bewegten Historie Schottlands zu tun. Und dem Streben der Schotten nach Eigenständigkeit.

Die Geschichte des Whiskys ...

beginnt wahrscheinlich im Orient und ist in Europa ohne das „Wasser des Lebens" nicht vorstellbar.

Wohl kaum ein Land auf der Welt ist so eng mit einer Spirituose verknüpft wie Schottland mit dem Whisky. Klar, die Franzosen sind stolz auf ihren Cognac, und Peruaner und Chilenen bekommen eine breite Brust, wenn man ihren Pisco lobt. Aber Schottland und Whisky, das ist viel mehr: Der Whisky ist tief in der schottischen Seele verankert. Was mit der bewegten Geschichte des gälischen *usquebaugh*, dem „Lebenswasser", zu tun hat. Von Robert Burns (1759–1796), dem Nationalpoeten der Schotten, stammt der Spruch: „Freedom and Whisky gang thegither" – „Freiheit und Whisky gehen Hand in Hand" (1786). In Schottland ist der Whisky eben nicht nur ein Getränk. Er ist Ausdruck von Unabhängigkeit und Nationalstolz.

Von Arabien nach Schottland

Vermutlich waren es die Chinesen, die nicht nur bei Papier und Schreibkunst die Nase vorn hatten, sondern um 800 v. Chr. auch als Erste die Kunst der Destillation beherrschten, doch einen Wissenstransfer nach Europa gab es wohl nicht. Von Hippokrates (ca. 460–370 v. Chr.), dem berühmtesten Arzt des Altertums und Begründer der Medizin, wissen wir, dass er die Destillation zur Herstellung von Heilmitteln nutzte. Und sein Landsmann Aristoteles (384–322 v. Chr.) schrieb darüber, wie man das Meerwasser durch Destillieren trinkbar machte und dass dasselbe Verfahren bei Wein angewendet werden könne. Im Jahre 711 n. Chr. starteten die

Der Benediktiner-Mönch John Cor lebte in der Lindores Abbey und erhielt 1494 den Auftrag des Königs James IV., für dessen Hof „Lebenswasser" zu brennen.

Mauren ihren Feldzug auf der Iberischen Halbinsel und brachten ihr medizinisches Wissen nach Festlandeuropa, während im Reich der Kelten Mönche die Fertigkeit des Destillierens erlernten und verbreiteten. Aus den Reihen irischer Glaubensbrüder stammte der heilige Columban, der im 6. Jahrhundert Schottland missionierte. Die Kunst des Heilens und Destillierens – seit Jahrhunderten sind sie untrennbar miteinander verbunden.

Wer war's: die Schotten oder die Iren?

Es besteht nach wie vor Uneinigkeit darüber, ob die Schotten (oder Skoten, engl. *scots*) die Ersten waren oder ob nicht doch zuerst in Irland gebrannt wurde, auch wenn vom „Whisky" selbst noch nicht die Rede war. Sicher ist, dass in beiden Ländern die Mönche aktiv waren. Das *aqua vitae* oder *aquavite*, das Wasser des Lebens, mitunter spricht man auch von *aqua ardens* (brennendes Wasser), wurde in den Klöstern hergestellt. Vieles deutet darauf hin, dass zuerst in Irland gebrannt wurde, doch die Schotten besitzen gegenüber anderen ein sozusagen „offizielles Datum": das Jahr 1494. Es ist nämlich überliefert, dass der schottische König Jakob IV. (engl. King James IV.; 1473–1513) den Mönch John Cor beauftragte, Malz zu kaufen, um daraus das *aqua vitae* zu brennen. „To Brother John Cor, by order of the King, to make aqua vitae VIII bolls of malt." Niedergeschrieben in den „Exchequer Rolls", eine Art Einnahmen-/Ausgabenbuch des Königs. Der Benediktiner-Mönch lebte in der Lindores Abbey, gut 90 Kilometer nördlich von Edinburgh. Wie viel die acht *bolls* wogen, von denen der König sprach, ist nicht ganz so einfach zu beantworten. Manch einer Quelle nach handelte es sich dabei um eine halbe Tonne. *Boll* ist ein Volumenmaß, das auch für Getreide eingesetzt wurde und gut 218 Liter umfasst. Anderen Umrechnungen zufolge wog ein *boll* 152 Kilogramm. Wie dem auch sei, die Menge war groß genug, um einiges an *aqua vitae* zu brennen und beileibe mehr als den Bedarf von ein paar Tagen. Die Scotch Whisky Association spricht sogar von 1500 Flaschen! Hinzu kommt, dass sich in den „Exchequer Rolls" 15 weitere Einträge zum Lebenswasser finden. Der König gilt nicht nur als der fähigste Monarch Schottlands, er war auch ein gebildeter Mann, unter anderem interessiert an Alchemie und Medizin. Das belegen acht der Einträge zum „Wasser des Lebens", alle mit einem konkreten Wissenschaftsbezug, zwei davon zum Thema Schwarzpulver.

Die Mönche mischen sich unters Volk

Mit der einsetzenden Reformation und der Auflösung von Klöstern verbreitete sich die Kenntnis des Brennens und erreichte auch das einfache Volk. Immer mehr Bauern gingen dazu über, überschüssiges Getreide in Schnaps zu verwandeln. Es wurde gebrannt und die Flüssigkeit auch schon mal mit Kräutern und Ähnlichem versetzt oder aromatisiert. Im Gälischen, das damals noch weit verbreitet war, nannte man das Endprodukt *uisge beatha* oder auch *usquebaugh*. Ausgesprochen klingt es eher wie „ishge baa", und so wurde im Laufe der Zeit aus *uisge* (Wasser) „Whisky" (woran die Engländer, des Gälischen nicht mächtig, nicht unbeteiligt waren).

1506 verlieh King James IV. der Gilde der Surgeon Barbers in Edinburgh das königliche Monopol, *aqua vitae* herzustellen; Ärzte *(surgeons)* und Bader *(barbers)* waren damals für die Behandlung von Kranken zuständig. 50 Jahre später bestrafte der Stadtrat eine gewisse Besse Campbell dafür, eben dieses Monopol gebrochen zu haben. Trotzdem waren Wissen und Tun, Theorie und Praxis des Whiskybrennens nun in der Welt. 1579 beschloss das schottische Parlament aus Sorge, dass das Getreide als Grundnahrungsmittel knapp wurde, ein Gesetz, mit dem die Destillation eingeschränkt wurde. Und während das Gros der Untertanen bestraft wurde, durften Adlige wie *earls, lords, barons and gentlemen* weiter brennen, wenn auch nur für den Eigenbedarf.

Regeln gab es viele, um die rebellischen Highlander, insbesondere die Bewohner der vorgelagerten Inseln, im Zaum zu halten. 1607 wurde sogar eine Strafexpedition organisiert, die 1609 in die „Statues of Iona" mündete, in denen verschiedene (Straf-)Maßnahmen festgeschrieben waren. Eine dieser Maßnahmen betraf den Alkohol. Privates Brennen und Brauen zum Eigenbedarf wurde erlaubt, der Import aus dem Süden des Reiches war jedoch nur den *barons* und *wealthy gentlemen* gestattet. Dabei ging es auch darum, den übermäßigen Konsum von Alkohol zu beschränken. 1616 und

Whisky in Frauenhand

Zu Beginn des 19. Jahrhunderts war die Geschäftswelt männlich dominiert, das gilt natürlich auch für den Whisky. Aber es gab Ausnahmen. 1811 pachteten John Cumming und seine Frau Helen die Cardow Farm (später Cardhu) in der Gemeinde Knockando in Morayshire. Es war damals mehr oder minder „normal", dass neben der Landwirtschaft auch schwarzgebrannt wurde. Also auch bei den Cummings, und John hatte im Jahre 1816 nicht weniger als drei Verfahren am Hals. Glücklicherweise war Helen in die Whiskyproduktion eingebunden, was ebenfalls nicht ganz unüblich war, da das Brauen und Brennen auf dem Hof stattfand und damit zu einem großen Teil Sache der Frauen war. Die Fähigkeiten von Helen Cumming, die Steuereintreiber an der Nase herumzuführen, waren legendär. Kreuzten Letztere in der Gegend auf, wurde die Brennerei als Bäckerei getarnt, und als Gipfel der Unverfrorenheit lud Mrs Cumming die Steuerbeamten nicht nur zu Tee und Gebäck ein, sondern bot ihnen zugleich eine Herberge an. Der Clou war, dass sie dann eine rote Flagge hisste, die weithin sichtbar war. Für alle Schwarzbrenner in der Gegend das Zeichen, dass die *gaugers* bzw. jene, die die Schwarzbrenner dingfest machen sollten, gerade in der Gegend waren. Zudem wird berichtet, dass Helen zu Fuß bis nach Elgin gelaufen sei (rund 30 Kilometer weit), unter ihren Kleidern eine mit Whisky gefüllte Schweinsblase verborgen, um den Inhalt in Elgin zu verkaufen.

Seit 1824 brannten die Cummings mit Lizenz, und nach Johns Tod (1846) übernahm sein Sohn Lewis das Geschäft, während Mutter Helen weiter mitarbeitete. Als Lewis 1872 starb, blieb seine Mutter, die 98 Jahre alt wurde, weiter in der Cardow-Brennerei aktiv. Die Führung übernahm ihre Schwiegertochter Elizabeth, die den Betrieb mehr als 17 Jahre erfolgreich dirigierte und erweiterte. Sie baute sogar eine neue, damals hochmoderne Brennerei: Die alten Brennblasen wurden an ein damaliges „Start-up" verkauft, an Glenfiddich, während der Whisky bereits hauptsächlich an die Firma Johnnie Walker verkauft wurde. Elizabeth hatte eindeutig eine Nase fürs Geschäft und veräußerte schließlich 1893 die Brennerei an den Whiskygiganten, mit der Auflage, dass einer ihrer Söhne, John Cumming, zu einem der Vorstände der Firma berufen wurde und auch die Arbeiter der Destillerie ihren Job behielten.

Knockando ist auch heute noch ein beschauliches Dorf und besitzt mit Cardhu (hier im Bild), Knockando und Tamdhu gleich drei bekannte Whisky-Destillerien.

1622 wurde das Ganze noch verschärft, was letztendlich darauf hindeutet, dass die Verbote nicht wirklich zogen. Mit echter Beschränkung im heutigen Sinn hatte das alles sowieso wenig zu tun. So ist überliefert, dass die *clan chiefs* auf der Insel Islay, Maclean of Dowart und Macleod of Macleod, jährlich nicht mehr als *four tuns* Wein haben durften – das waren immerhin 5000 Liter! Die Schotten tranken eben gern und viel, aber nicht nur *aqua vitae*, sondern vor allem Ale. Und die Wohlhabenden schätzten Wein und Sherry. Dass ihnen auch der Schnaps mundete, offenbaren die Kosten bei der Beerdigung von Sir Donald Cameron of Ardnamurchan im Jahre 1651: Der größte Posten waren die 5,25 Gallonen *aqua vitae*, die 84 Pfund kosteten.

Wider fremde Mächte

Es war unausweichlich, dass irgendwann jemand auf die Idee kommen würde, Alkohol zu besteuern. 1644 war es so weit, denn es galt, eine Armee zu finanzieren. 1660 bekamen die *gagers* (später: *gaugers*), also „Maßnehmer" (Steuereintreiber), das Recht, Brennhäuser zu allen Zeiten zu inspizieren und Steuern einzutreiben. In manchen Gemeinden gab es Gemeinschaftsbrennhäuser, wohingegen Schlossherren und Besitzer größerer Gehöfte eigene Brennhäuser betreiben durften. Die erste kommerzielle Brennerei, also ein spezialisierter Betrieb, wird erstmals 1689 erwähnt. Es handelt sich um die Ferintosh Brennerei, in der Nähe von Dingwall und im Besitz von Duncan Forbes of Culloden, die im selben Jahr während des ersten Jakobiteraufstands niedergebrannt wurde. Der Erbe, Duncan Forbes III., verlangte Entschädigung und erhielt das Recht, Whisky steuerfrei zu produzieren, solange er ausschließlich das Getreide auf seinen eigenen Ländereien verwendete. Zwar musste eine minimale Jahresgebühr abgeführt werden, weitaus wertvoller blieb das Recht, das er und seine Erben knapp 100 Jahre lang bis 1784 ausüben konnten. Zudem war die Familie alles andere als untätig. Um 1760 existierten drei Brennereien auf ihrem Land, und die Forbes vergrößerten fleißig ihren Landbesitz, um genügend Getreide anbauen zu können. Zu dieser Zeit kamen gut zwei Drittel der legal hergestellten schottischen Whiskys von Ferintosh.

Die Geschichte des Whiskys ist aber auch eine Geschichte des Schwarzbrennens. Hohe Steuern in Schottland wechselten mit völligen Verboten, was dazu führte, dass viele Schotten illegal aktiv wurden: Sie produzierten, schmuggelten und verkauften. Und gerade diese Sorten hatten oft einen besseren Ruf und eine bessere Qualität als so mancher legal gebrannte Whisky. Um 1777 zählte man in Edinburgh nur acht lizenzierte Brennereien, aber rund 400 Schwarzbrenner.

Was bei alldem nicht außer Acht gelassen werden darf, ist, dass das, was die Schotten bis zum 18. Jahrhundert tranken, wenig mit dem zu tun hatte, was wir „Whisky" nennen und heute darunter verstehen. Damals war das *uisge beatha* in der Regel wenig gereift, was auch daran lag, dass für den Transport nur Holzfässer verwendet wurden, anderes gab es nicht. Der „Whisky" wurde eher saisonal hergestellt, und man verkaufte oder verbrauchte selbst alle Vorräte bis zur nächsten Brennsaison. Tatsächlich gereifter Whisky ist erst ab 1820 belegt.

Von Vertreibung und Neugründung

Im Zuge der Industriellen Revolution änderte sich im 18. Jahrhundert einiges. Zum einen fallen in diese Zeit die *highland clearances*, die (adligen) Landbesitzer durften die Einwohner des Hochlandes von ihren Höfen vertreiben – zugunsten einer flächendeckenden Schafzucht, denn die Wollpreise wurden immer attraktiver. Die arme Landbevölkerung war gezwungen, entweder nach Übersee auszuwandern oder an die schottischen Küsten umzusiedeln, wo dann aus Bauern Fischer wurden. Auf diese Weise entstanden neue Städte und neue Whiskybrennereien, eine Art „Arbeitsbeschaffungsmaßnahme". Zwei berühmte Beispiele sind Bowmore, sowohl Ort als auch Brennerei, und die Destillerie Clynelish in Brora.

Zum anderen erließ man im 18. Jahrhundert immer neue Gesetze gegen das Schwarzbrennen, die von den Schotten geflissentlich ignoriert wurden. Auch Missernten provozierten Brennverbote, die insbesondere die legalen Brennereien betrafen. Der „Durst" der Schotten blieb ungebrochen, die Nachfrage nach illegalem Whisky ebenso. Vor allem der Whisky aus den Highlands genoss einen „guten Ruf". Aus den Lowlands stammten gegen Ende des 18. Jahrhunderts zwar rund 80 % des legalen Whiskys, dieser wurde aber verstärkt ins angrenzende England exportiert und dort zu Gin weiterverarbeitet.

Mit der Kriegserklärung an das revolutionäre Frankreich 1793 wurden die Steuern nochmals erhöht, allerdings war es eine Steuer auf Brennblasen und nicht auf die Produktionsmenge. In den Lowlands war die Steuer deutlich höher, aber durch das aus heutiger Sicht eher seltsame Modell steigerten die dort ansässigen Destillen zwischen 1795 und 1797 ihren Ausstoß um 500 %, freilich zulasten der Qualität. Beliebt waren die Destillate aus der Region Campbeltown (auf der Kintyre-Halbinsel im Westen Schottlands) und aus den Highlands, besonders solche, die in der Nähe des Flusses Livet gebrannt wurden, die sogenannten „Glenlivets". In der Regel handelte es sich um illegale Brände.

Ein Gesetzesreigen gegen die Schwarzbrennerei

Auch zu Beginn des 19. Jahrhunderts blieb die illegale Whiskyherstellung lukrativ. Aus der Menge Malz, die man für einen Shilling bekam, wurde – wie durch Zauberhand – Whisky für gut vier Shilling, und die Produktionsreste konnten als wertvolles Viehfutter verwendet werden. In den Jahren 1800, 1801 und 1809 bis 1812 gab es wegen neuerlicher Missernten Produktionsverbote, und auch die Anzahl der Steuereintreiber war überschaubar. Zudem empfanden die Highlander traditionell Steuerpflicht und Steuereintreibung als Ausdruck englischer Fremdherrschaft. Nicht selten waren die lokalen Autoritäten auf Seiten der Schwarzbrenner, und Richter urteilten oft sehr milde.

Immer neue Steuerkonzepte wurden ausprobiert, so ab 1814 im sogenannten „Excise Act". Steuern wurden nun auf die *Wash-&-Spirit*-Menge erhoben, und die Brennblasen mussten für mindestens 500 Gallonen ausgelegt sein. In der Folge gab es in den Highlands 1816 nur noch zwölf Destillerien mit Lizenz. Kurz darauf erlaubte eine neue Reform, der „Small Stills Act", Brennblasen mit einer Füllmenge von 40 Gallonen; die Steuern wurden wieder gesenkt und die Zahl der lizenzierten Brennereien kletterte auf 57.

Geschmuggelt und schwarzgebrannt wurde weiterhin, was 1822 die Verabschiedung des „Illicit Destillation Act" (Gesetz über die illegale Destillierung) provozierte. Er ging mit einer deutlichen Strafverschärfung einher. Diese wäre vielleicht folgenlos geblieben, hätte man nicht die Landeigentümer ins Visier genommen: Sie wurden bestraft, wenn auf ihrem Besitz Schwarzbrenner erwischt wurden. Erstmals geriet damit die herrschende Klasse in den Fokus der Behörden. Mit dem zweiten „Excise Act" von 1823 wurde eine

Gebühr von zehn Pfund für das Brennen von Whisky erhoben, und man führte einen festen Steuersatz pro Gallone Whisky ein. Gleichzeitig legte man die Mindestgröße von 40 Gallonen für die Brennblase fest. Ein Meilenstein in der Geschichte des schottischen Whiskys! Der Erste, der sich im Glenlivet-Gebiet eine Lizenz besorgte, war George Smith von der (heutigen) Brennerei The Glenlivet. Viele Schwarzbrenner folgten ihm in die Legalität, denn erstmals lohnte sich die legale Produktion. Ende 1823 gab es in Schottland 203 lizenzierte Brennereien, ein Jahr später bereits 337, und in den fünf Jahren bis 1828 stieg die Produktion von drei Millionen auf zehn Millionen Gallonen an.

Blended Whisky

Den Startschuss für den anhaltenden Erfolg des Lebenswassers aus Schottland gab der zweite „Excise Act", doch einige weitere Boom-Faktoren kamen hinzu. 1822 absolvierte König George IV. einen Staatsbesuch in Edinburgh, gekleidet in einen Fantasie-Kilt (zu dieser Zeit trug man in Schottland keine Kilts mehr, schon gar nicht die Adligen). Es war der erste Besuch eines Monarchen seit über 100 Jahren. An Popularität gewannen die Highlands aber auch durch die Romane von Sir Walter Scott. Schottland kam in Mode, die Highlander wurden romantisiert. 1847 kaufte Queen Victoria Balmoral und machte das Schloss zu ihrem Sommersitz. Die „Wilden" aus dem Norden waren domestiziert, Schottland war „in".

Höchst förderlich war auch eine Erfindung des Schotten Robert Stein aus dem Jahr 1826. Ihm gelang eine Revolution in der Brenntechnik durch die sogenannte kontinuierliche Brennblase. 1832 verbesserte der Ire Aeneas Coffey dieses Verfahren und ließ es gleich patentieren. Daher wird diese Art der Brennblase oft als

Der Ire Aeneas Coffey verbesserte das Prinzip der kontinuierlichen Brennblase (hier eine historische technische Zeichnung aus einem Buch von 1893).

Ungeachtet der späteren Rivalität der beiden Whisk(e)y produzierenden Länder, verbreitete sich die verbesserte Brennblase schnell nach Schottland. Die Vorteile waren immens: Die bald als Coffey Still bekannte Anordnung erlaubte eine wesentlich größere Produktionsmenge bei relativ niedrigem Energieaufwand und geringeren Unterhaltskosten als bei den Vorgängermodellen.

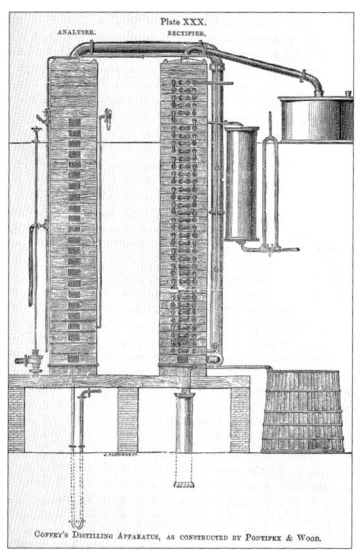

Coffey still oder *patent still* bezeichnet. Man konnte nun billiger und in kürzerer Zeit höherprozentigen, reineren Alkohol brennen. In Schottland wurde solcher Art produzierter Alkohol immer beliebter, während die Iren ihn verächtlich als *silent spirit* bezeichneten, weil er weniger aromatisch war. Zugleich begannen die Schotten, verschiedene Whiskys miteinander zu vermischen, zu „blenden", zunächst nur die unterschiedlichen Sorten aus den „altmodischen" Brennblasen: milde Lowlands mit kräftigeren Highlands. Das geschah in den Pubs selbst oder durch Händler. Später mischte man Whiskys aus den *patent stills* mit den herkömmlichen *pot stills*.

Schmuggler der besonderen Art

Missernten und immer wieder neue Gesetze – die Umstände luden quasi dazu ein, flexibel auf die wechselnden Zeitläufte zu reagieren. So auch im Jahre 1757, als ein neuerlicher Ernteausfall zu einem Brennereiverbot in ganz Britannien führte. Es blieb drei Jahre bestehen und bedeutete das Aus für viele legale Destillerien. Der „Bedarf" an Whisky bestand allerdings weiterhin und wurde von den häuslichen Brennereien gedeckt. Damit setzte der lukrative Schwarzhandel mit dem „Hausbrand" ein.

Ein gewisser Magnus Eunson betrieb vom „High Park"-Hügel aus, auf dem heute die Highland Park Destillery steht, den Schmuggel mit Alkohol. Tagsüber arbeitete er als Kirchendiener und wusste als solcher das Gotteshaus gleich mehrfach zu nutzen – auch als Whisky-Versteck vor den Steuereintreibern. Kam dennoch mal ein *gauger* zum High Park, war dieser schon von Weitem zu sehen und Magnus Eunson schnell genug in seiner Kirche. Man sagt, ein verwandter Kirchenmann half ihm immer wieder bei der Flucht und verwahrte den Schwarzbrand sogar unter der Kanzel!

Alfred Barnard, der große englische Whiskyhistoriograf des 19. Jahrhunderts, beschreibt Eunson als den größten Schmuggler auf Orkney. Seinen Whisky verbarg er nicht nur unter der Kanzel: Als er einmal eine Durchsuchung in der Kirche befürchtete, soll er alle Fässer in einen leeren Raum seines Hauses gebracht und sie mit weißen Tüchern zugedeckt haben. Sowie die Beamten nach erfolgloser Kirchendurchsuchung ihren Fuß in Eunsons Haus setzten, trafen sie auf den Hausherrn samt einer Schar von Angestellten und

Der Eingang zur Highland Park Destillery

anderen Einheimischen. Auf den Fässern lag nun nicht mehr nur das weiße Tuch, sondern darauf stand ein Sarg, umgeben von lautem Wehklagen. Eunson selbst kniete davor und betete, die Bibel in der Hand. Schnell machte er den Staatsdienern ein Zeichen, dass es sich um einen Verstorbenen handelte, und einer seiner Angestellten flüsterte etwas von „Pocken", damals ansteckend und tödlich. Die Inspektoren verschwanden, so schnell sie konnten, und Magnus Eunson hatte eine Zeit lang seine Ruhe. Trotzdem, alles hat einmal ein Ende. 1816 übernahm der Steuereintreiber John Robertson die Produktion, nachdem er zuvor Magnus, den Kirchenmann, verhaftet hatte.

Barnard berichtet noch von einer anderen Begebenheit. Ein Besucher der Hebriden (von welcher Insel genau, darüber schweigt er) entdeckte bei geologischen Untersuchungen eine Höhle. Er staunte nicht schlecht, als aus dieser ein Stimmengewirr ertönte, „as if revelling a banquet" (als ob dort eine Art Fest gefeiert wurde). Der Inselbesucher bekam es mit der Angst und wollte davoneilen, als ein Mann aus dem Inneren der Höhle auf ihn zutrat und ihn aufforderte hereinzukommen. Die Neugier und seine Vermutung, dass es besser sei, nicht zu widersprechen, besiegten die Angst. In der Höhle saßen Einheimische an einem runden Tisch und ließen sich bewirten „as if in a palace" (wie in einem Schloss). Zudem lagen Fässer herum wie in einem Weinkeller, dazu alte Schwerter und andere Waffen. Der Besucher war offenbar auf eine Gruppe von Whiskyschmugglern gestoßen. Die Truppe beäugte ihn sehr misstrauisch, wurde doch zunächst vermutet, der Fremde sei ein Steuereintreiber. „He was questioned most paticularly as to his pursuits", als man nach intensiver Befragung aber herausfand, dass der Fremde harmlos war, behandelten ihn die Schmuggler überaus

Eine illegale Brennanlage

gastfreundlich und gaben ihm ordentlich zu trinken. Und nachdem er Stillschweigen geschworen hatte, durfte er anschließend unbeschadet wieder gehen.

Solche Geschichten führten dazu, Schmuggler in einem romantischen und freundlich-rebellischen Licht zu sehen, das natürlich nicht der Wirklichkeit entsprach. Die „Excise Men" lebten gefährlich, wurden entführt, misshandelt, und manchmal verlor dabei auch jemand sein Leben. Hinzu kam, dass man die Beamten als Boten einer feindlichen Macht (England) ansah, der die Schotten nach wie vor mit größtem Misstrauen und unbeirrtem Nationalstolz begegneten. Schwarzbrenner waren natürlich nicht bei jedermann beliebt. 1821 beschwerte sich Captain William Fraser, der Besitzer der Brackla Brennerei, beim Parlament, dass er „im Umkreis von 120 Meilen" wegen der vielen illegalen Brennereien keinen Whisky verkaufen konnte.

21

Das Ergebnis war ein milderer Whisky von sehr gleichbleibender Qualität. Der erste Blend im heutigen Sinne entstand um 1860, als es per Gesetz erlaubt wurde, unterschiedliche Whiskys *under bond*, also noch unter Zollverschluss, in den Lagerhäusern zu vermischen. Der erste Markenwhisky der neuen Art war der Usher's Old Vatted Glenlivet, auch heute noch als OVG bekannt, kreiert von Andrew Usher sen.

Whisky erobert die Welt

In der besseren Gesellschaft in London – zu jener Zeit die wohl wichtigste Metropole der Welt – war Whisky noch kein großes Thema, dort bevorzugte man Brandy. Als sich jedoch um 1863 die Reblaus *Phylloxera vastatrix* in den Weinbergen Frankreichs und Spaniens breitmachte, eingeschleppt aus Amerika, änderte sich das Trinkverhalten. Denn die Laus fraß mit Vorliebe die Wurzeln der Rebstöcke, Wein und seine Derivate wurden knapp, und es dauerte gut 20 Jahre, bis man auf die Idee kam, resistente Wurzeln aus den USA zu importieren. Da zudem das Empire seine größte Ausdehnung erlebte, reiste der Whisky (und auch der Gin) rund um die Welt, und Blended Scotch begann den Markt zu dominieren.

Anfang des 20. Jahrhunderts setzte ein Streit darüber ein, ob der Grain Whisky aus den *patent stills* überhaupt als Whisky bezeichnet werden durfte. 1905 wurde die entscheidende Frage gestellt: „What Is Whisky?" 1908 wurde eine Royal Commission eingesetzt, die 1909 erklärte: *Pot still*-Whisky aus gemälzter Gerste ist ebenso Whisky wie der Grain Whisky aus den *patent stills*. Ab 1915 galt: Whisky musste mindestens drei Jahre reifen, bevor er verkauft werden durfte, 1916 legte man fest, dass er mindestens 40 Vol.-% Alkohol aufweisen musste. Diese Vorschriften gelten noch heute.

Der Siegeszug des schottischen Whiskys wurde sogar durch die Jahre der US-Prohibition (1920–1933) gefördert. Irische Brennereien mussten mangels Absatz schließen, ebenso die meisten amerikanischen. Nur die schmuggelerfahrenen Schotten profitierten, denn sie verkauften ihren Whisky an Zwischenhändler auf vorgelagerten Inseln, nach Kuba und Kanada. Von dort wurde er in die USA „exportiert". Manche Whiskysorte, so auch der medizinisch schmeckende Laphroaig, verkaufte man sogar legal gegen Rezept.

Die Zukunft ist gesichert

Im Zweiten Weltkrieg wurde die Produktion fast komplett eingestellt, danach aber schnell wieder aufgenommen, denn der Whisky spülte viel Geld in die klammen Staatskassen. Auf dem heimischen Markt gab es Beschränkungen zugunsten des Exports. Whisky war zu jener Zeit nahezu immer Blended Scotch. In den 1950er- und 1960er-Jahren kam es zu Neugründungen und Rationalisierungen, gleichzeitig vergrößerten viele Destillen ihre Produktionskapazität.

Laphroaig wird nicht mehr per Rezept verkauft, aber beliebt ist der Whisky noch immer.

23

Die erste Firma, die mit der weltweiten Vermarktung eines Single Malt Whiskys begann, war 1962 William Grant & Sons mit ihrem Glenfiddich; kurz darauf folgte der Glen Grant. Als es in den 1980er-Jahren zu einem Überhang an gereiftem Whisky kam und sich die Nachfrage verringerte, reagierte die Industrie mit Schließungen: Von 1983 bis 1986 machten 29 Destillen dicht. Ab 1988 begann dann der Boom, den wir noch heute erleben. United Destillers, inzwischen umbenannt in Diageo, brachte die „Classic Malts" auf den Markt, eine Serie von sechs Malts aus den unterschiedlichen Regionen Schottlands. Glenmorangie machte Ende der 1980er-Jahre mit einer Serie von drei Finishes (Sherry, Port und Madeira) eine weitere Nuance schottischer Whiskys populär. Pionier war The Balvenie mit einem *double matured whisky*.

1990 wurde mit der Scotch Whisky Order ein neues Gesetz erlassen, um zu definieren, was im Vereinigten Königreich „Scotch Whisky" genannt werden durfte. 2009 folgten die „Scotch Whisky Regulations", die Etikettierung, Verpackung und Werbung festschrieben.

Schottischer Whisky ist aber auch ein Opfer seines eigenen Erfolgs. Da die Hersteller zur Jahrtausendwende den Erfolg der letzten zehn Jahre nicht vorhergesehen haben, kam es zu Engpässen. So entstand eine Reihe neuer Whisky-Sorten ohne Altersangabe, die NAS-Whiskys (nas = *no age statement*). Galt zuvor das Motto *age matters*, wonach die Mehrzahl der Malts zehn Jahre oder älter sein sollten, bieten heute viele Hersteller Whiskys an, bei denen die Altersangabe fehlt und der Whisky je nach Geschmack geblendet wird. Seit einigen Jahren wird in Schottland wieder rege gebaut: Es entstehen neue Brennereien, neue Lagerhäuser, und bestehende Brennereien werden erweitert.

HERSTELLUNG VON WHISKY

Drei Einflussfaktoren sind
verantwortlich für die fein nuancierte
Aromavielfalt beim Whisky:
die Rohstoffe, der Herstellungs-
prozess und die Fassreifung.
Die individuelle Abstimmung ist
Betriebsgeheimnis.

Schottischer Single Malt Whisky und wie er gemacht wird

Wie Single Malt hergestellt wird, ist heutzutage genau festgeschrieben, kaum eine andere Spirituose hat so klare, strenge Regeln, was ihre Produktion anbelangt.

Das war nicht immer so, eigentlich war es die meiste Zeit so, dass es nur sehr wenige bis gar keine Regeln staatlicherseits gab. Natürlich gab es Erfahrungswerte, um einen guten Whisky zu produzieren, der sich tatsächlich besser verkaufen ließ. Heute zählt aber zunächst das Gesetz: „The Scotch Whisky Regulations" von 2009.

Bestandteile

Die Ausgangsmaterialien für Single Malt sind Wasser sowie ausschließlich gemälzte Gerste und Hefe. Bei der Herstellung des Malzes kommt unter Umständen auch Torf zum Einsatz, der dem Whisky rauchige, phenolische Noten verleiht. Am Ende der Lagerzeit, vor der Abfüllung, darf laut Gesetz neben Wasser auch noch Zuckercouleur (E150) beigefügt werden. Hier kommt es öfter zu Missverständnissen, denn im Englischen nennt sich Zuckercouleur *plain caramel colouring*, das aber mitnichten etwas mit dem deutschen Karamell zu tun hat. Der Lebensmittelfarbstoff schmeckt nicht nach Butterkaramellen, sondern praktisch nach nichts.

Herstellung

Die Herstellung lässt sich in folgende Bereiche gliedern:
– Mälzen
– Maischen

– Gärung
– Destillation
– Lagerung und Reifung
– Abfüllung

Mälzen

Um Alkohol herzustellen, braucht man Zucker. Nun ist ein Gerstenkorn aber nicht süß, jeder der es schon mal probiert hat, weiß das. Aber Gerste steckt voller Stärke, und die ist, chemisch gesehen, ein Polysaccharid, also ein Mehrfachzucker. Um an die Stärke zu kommen, muss man die Gerste mälzen.

Die Gerste wird zunächst in Wasser eingeweicht, das dauert eine knappe Woche. Danach lässt man sie keimen. Ganz traditionell zum Beispiel auf der Malztenne, wo die feuchte Gerste auf dem Boden ausgebreitet wird. Sie wird regelmäßig mehrmals am Tag gewendet, um Hitzeentwicklung und Verfilzung zu vermeiden. Beim Keimen entstehen Enzyme (Amylasen), die beim Maischen die in der Gerste enthaltene Stärke in Zucker umwandeln. Nach einer Woche kommt die Gerste – man nennt sie jetzt grünes Malz – in die Malzdarre, die sogenannte *kiln*, zum Trocknen oder auch Darren. Die Hitze unterbindet das weitere Wachstum. Whisky, der mithilfe von Torfrauch gedarrt wird, erhält ein rauchiges Aroma. Der traditionsreiche Prozess ist personalintensiv, fehleranfällig und kostet. Daher gibt es gerade noch zwei Handvoll Brennereien, die ihr Malz selbst herstellen, und auch diese produzieren meist nur einen Teil der benötigten Menge selbst. So haben sich spezialisierte Mälzereien entwickelt, die diese Aufgabe übernehmen, freilich nicht auf die altmodische Art, sondern mit modernen Methoden.

Maischen

Das Malz, ob selbst gemacht oder angeliefert, wird zunächst gemahlen. Dabei wird ein mehr oder weniger grobes Mahlgut erzeugt, das meist aus 10 % bis 15 % Mehl besteht, 10 % bis 15 % Schalen (oder Spelzen) und 70 % bis 80 % Schrot. Jede Brennerei hat andere Vorlieben, passend zur Produktion. Im nächsten Schritt kommt das Mahlgut in einen Maischebottich *(mash tun)* oder auch Läuterbottich, dabei sind unterschiedlich moderne Geräte im Einsatz. Sinn dieses Schrittes ist, eine möglichst aromareiche und vor allem süße Flüssigkeit zu erzeugen. Traditionell wird dreimal Wasser hinzugegeben: Im ersten Gang mit einer Temperatur von 65 °C; in der Regel nimmt man 4000 Liter Wasser pro Tonne Malz, das man kurz einweicht, um dann das Wasser ablaufen zu lassen. Die nächste Wasserzugabe erfolgt in der Regel bei 73 °C, und man nimmt nur noch 1500 bis 2000 Liter Wasser pro Tonne Malz. Dann kommt ein drittes (manchmal auch ein viertes) Mal Wasser dazu, erhitzt auf an die 90 °C. Diese dritte Wasserzugabe ist etwas größer als die erste, denn dieses Wasser wird später abgekühlt und als das erste Wasser für den nächsten Vorgang benutzt.

Das klingt kompliziert, ist aber ganz einfach. Sinn und Zweck des Ganzen ist die Verzuckerung der Stärke, um eine süße Maischwürze (engl. *wort*) zu erzielen. Der klassische Prozess dauert zwischen acht und zehn Stunden, ist also der erste limitierende Faktor für die herstellbare Menge. Modernere Läuterbottiche, hier greifen die Schotten gerne auf deutsche (Brau-)Ingenieurskunst zurück, beschleunigen den Prozess; mehr Whisky kann in der gleichen Zeit hergestellt werden. Es gibt auch Brennereien in Schottland, die zwei *mash tuns* besitzen. Die verbleibenden Feststoffe der Treber, das sogenannte *draff*, wurden früher meist zu Viehfutter verarbeitet;

Im Maischebottich wird eine möglichst aromareiche, süße Flüssigkeit erzeugt.

mittlerweile wird es entweder verbrannt oder in Biogasreaktoren in Energie umgewandelt.

Gärung

Im nächsten Schritt wird die Würze auf rund 20 °C abgekühlt und in große Gärbehälter *(washbacks)* umgepumpt. In den meisten Brennereien haben die *washbacks* ein Fassungsvermögen von gut 50 000 Litern, natürlich gibt es auch größere und kleinere. Die *washbacks* sind oftmals aus Holz und werden direkt in der Brennerei zusammengebaut; daneben werden auch geschlossene Tanks aus Stahl verwendet. Nun wird Hefe zugegeben; sie ist entweder fest und sieht aus wie die frische Hefe, die man zum Backen kauft, oder es ist Trockenhefe oder die Hefe ist verflüssigt. Diese Hefe ist immer *Saccharomyces cerevisiae*, auch bekannt als Back- oder Bierhefe. Hat eine Brennerei einmal ihre Sorte gefunden, wird das Rezept nicht mehr geändert. In der warmen, süßen Flüssigkeit fühlt sich der Hefepilz sehr wohl. Er beginnt mit der Vermehrung und metabolisiert dabei den Zucker zu Kohlendioxid und Alkohol. Zudem werden diverse Aromastoffe erzeugt. Die Dauer der Gärung ist in jeder Brennerei etwas anders; je nach gewünschtem Aromaprofil lässt man 50 Stunden lang gären oder auch schon mal doppelt so lange. Manche Brennereien variieren ihre Gärvorgänge: Unter der Woche sind sie eher kürzer, übers Wochenende eher länger. Meist gilt der Grundsatz: „Das haben wir schon immer so gemacht, das passt, das lassen wir so." Ist die Gärung vollendet, hat man eine Art „rohes saures Bier", in der Regel mit um die 8 Vol.-% Alkohol.

Destillation

Das Maischeergebnis, also die vergorene *wash*, wird in die erste Brennblase gefüllt, die man daher oft auch *wash still* nennt. Manche Brennereien bezeichnen die erste Brennblase gern als *low wine still*, und das, was nach der ersten Destillation herauskommt, wird *low wine* genannt. Welchen Namen man der Brennblase gibt, ist reichlich egal, die Funktion ist die Gleiche.

Es wird einmal alles komplett abdestilliert, und da die Flüssigkeit noch die abgestorbene Hefe und andere Schwebstoffe enthält, kommt es immer wieder zu Schaumbildung beim Erhitzen. Noch bis vor wenigen Jahren behalf man sich in den Brennereien damit, dass man einfach ein größeres Stück Kernseife als Antischaummittel in den Topf geworfen hat. Das ist heute keine gängige Praxis mehr, Antischaummittel gibt es trotzdem noch. Keine Sorge, bei der Destillation gehen diese nicht ins Destillat über!

Die erste Brennblase hat auch immer ein Schauglas, so kann der Brenner erkennen, ob der Schaum hochsteigt und gegebenenfalls Gegenmaßnahmen ergriffen werden müssen. Das erste Destillat hat

In den „washbacks" der Destillerie Glenfiddich wird die Würze mit Hefe versetzt.

normalerweise zwischen 20 Vol.-% und 24 Vol.-% Alkohol. Danach wird das Destillat in die nächste Brennblase, die *spirit still*, gefüllt. In den allermeisten Fällen sind die *spirit stills* kleiner als die *wash stills*, zwingend vorgeschrieben ist das aber nicht. Oftmals unterscheiden sich die *spirit stills* auch in der Formgebung von den *wash stills*.

Beim zweiten Brennvorgang bilden sich drei Fraktionen: Das, was zuerst aus der Brennblase herausläuft, enthält noch unerwünschte Alkohole, unter anderem Methanol, so etwas will der Brenner natürlich nicht haben; genannt wird diese Fraktion „Vorlauf" *(foreshot)*. Meist dauert es 20 bis 30 Minuten, bis der Vorlauf abgetrennt werden kann und der erwünschte Feinbrand entsteht. Dieser nennt sich auch Herzstück, Mittellauf oder *heart*. Der sogenannte *spirit run* dauert häufig zwei Stunden. Zu Beginn hat der Mittellauf deutlich über 70 Vol.-% Alkohol, am Ende nur noch 40 bis 50 Vol.-%.

An den Mittellauf schließt sich der Nachlauf an, dieser dauert oft rund vier Stunden, und es wird praktisch destilliert, bis kein Alkohol mehr kommt. Im Nachlauf finden sich vor allem unerwünschte Fuselöle. Verbindliche Werte gibt es dafür allerdings nicht, jede Brennerei hat ihr eigenes Verfahren. Je nachdem, wie man Vorlauf, Herzstück und Nachlauf abtrennt, kann ein sehr individuelles Ergebnis erzielt werden. Genau darin liegt die Kunst des Brenners und des Brennens, denn diese nuancierte Verfahrensweise bestimmt den Charakter des späteren Whiskys. Generell gilt, dass möglichst konsistent gearbeitet werden sollte.

Noch eine Besonderheit charakterisiert den Single Malt. Die einen behaupten, es sei der schottische Geiz, die anderen, dass es die Schotten nicht besser wüssten: Vor- und Nachlauf werden nicht weggegossen, sondern in einen separaten Tank gepumpt, dort mit dem Rohbrand vermischt und beim nächsten Brennvorgang wieder in die zweite Brennblase gegeben. Das unterscheidet einen Single Malt von anderen Destillaten und setzt einen weiteren Akzent in der Herausbildung des späteren Whiskys. Ein paar Destillerien brennen dreimal, die bekannteste Vertreterin ist Auchentoshan. Es gibt aber auch Brennereien, die Zwischenformen favorisieren, was meist historisch bedingt ist wie zum Beispiel in Mortlach, wo Vor- und Nachlauf bei einer Brennblase extra behandeln werden.

Für die Herstellung des schottischen Single Malt verlangt das Gesetz das sogenannte Batchverfahren in kupfernen *pot stills*. Kein Single Malt darf mit anderen Brennapparaten (zum Beispiel einer kontinuierlichen Brennblase) produziert werden. Es wird aber nicht vorgegeben, wie die Brennblasen zu beheizen sind. Früher nutzte man ein offenes Feuer, zunächst mit Kohle oder Holz gespeist, später dann Öl- oder Gasbrenner (das haben z. B. noch Glenfarclas

Eindrucksvolle Brennblasen der Destillerie The Glenlivet

und Glenfiddich). Heute sind meist Kupferrohre in den Brennblasen installiert, durch die Dampf geleitet wird, der die zu destillierende Flüssigkeit erhitzt. Generell gilt, das frische Destillat *(new make)* soll immer, die Betonung liegt auf „immer", dieselben sensorischen Eigenschaften haben. Jede Firma hat ihre eigenen Methoden, dies zu gewährleisten, wenn aber beim Brennen Fehler passieren, können sie in der Lagerung nicht mehr kompensiert werden.

Lagerung und Reifung

Nun hat man also das frische Destillat, das oft um die 70 Vol.-% Alkohol, mal mehr, mal weniger, besitzt, je nach Brennerei. Fast alle, aber nur fast, verdünnen nun das erste Mal mit Wasser, bevor das Destillat in die Eichenholzfässer gefüllt wird, und zwar auf

63,5 Vol.-%. Das ist sozusagen der Industriestandard. Nach einhelliger Meinung reift der Whisky auf diese Weise am allerbesten, zudem wird es dadurch einfacher, untereinander Fässer zu tauschen, da die Hersteller für den Blended Scotch oft auch Ware der Mitbewerber benötigen. Bei der Reifung dürfen laut Gesetz nur Fässer zum Einsatz kommen, die erstens aus Eiche bestehen (die genaue Art wird nicht spezifiziert) und zweitens nicht mehr Volumen fassen als 700 Liter. Je größer das Fass, desto weniger Holzkontakt hat die Flüssigkeit, was den Whisky beeinflusst! Das Gesetz sagt nicht, ob die Fässer neu sein müssen oder gebraucht sein können, es werden jedoch zu 99,99 % gebrauchte Fässer verwendet. Der bei Weitem größte Teil dieser Fässer hatte ein Vorleben als Bourbonfass; die Zahlen schwanken, aber es sind wohl an die 90 %. Die restlichen 10 % sind ehemalige Sherryfässer.

Fast immer werden gebrauchte Fässer zur Lagerung des Whiskys verwendet.

Hier stellt sich ein Problem: Fragen Sie sich mal, wann Sie den letzten Sherry getrunken haben? Oder wer von Ihren Freunden Sherry trinkt? Die Schotten sind zum Teil dazu übergegangen, Sherryfässer selbst zu fertigen und diese den spanischen Herstellern zu leihen, die dann (meist) nach zwei Jahren Sherrybefüllung die Fässer nach Schottland zurücktransportieren. Es ist leicht zu verstehen, dass ein Whisky, der in einem ehemaligen Sherryfass reifen durfte, anders schmeckt als einer, der aus einem Ex-Bourbonfass stammt. Und dazu kommt noch etwas: Die Fässer werden immer noch ein zweites Mal mit *new make* befüllt, manchmal sogar ein drittes Mal. Einige Hersteller mischen auch einen Teil des späteren Whiskys, der in die Flasche kommt, aus einem Bourbonfass mit einem Teil aus einem Sherryfass. So lassen sich mit einem ursprünglich gleichen Rohdestillat unterschiedliche Geschmäcker erzeugen.

Darüber hinaus gibt es das *finishing*. Nehmen wir an, ein Destillat reift zehn lange Jahre in Ruhe in einem Bourbonfass vor sich hin, dann wird es noch für ein halbes, ganzes oder zwei Jahre in ein ehemaliges Portweinfass gegeben oder in ein Fass, das zuvor Sauternes enthielt (ein französischer Edel-Süßwein), oder in ein ehemaliges Rumfass, oder man benutzt unterschiedliche Sherryfässer, einmal Oloroso Sherry, einmal Fino Sherry oder Pedro Ximenes. Und on top kommt eine weitere Finesse: der Ursprung der Eichen. In den USA wächst die Amerikanische Weißeiche *(Quercus alba)*, in Europa die Stieleiche (auch Deutsche Eiche genannt, *Quercus robur)* oder die Traubeneiche *(Quercus petraea)*. Aufgrund der unterschiedlichen Zusammensetzung der Inhaltsstoffe und der Unterschiede in der Wuchsstruktur reift ein Whisky in diesen Fässern auch auf unterschiedliche Weise.

Zusammengefasst lässt sich sagen, dass die Reifung die Spielwiese der Aromatik ist. Aus einem Feinbrand können mithilfe der fachmännischen Lagerung verschiedene Whiskys hergestellt werden, und natürlich ist es erlaubt, auch noch die fertig gereiften Whiskys untereinander zu mischen. Solange alles aus einer einzigen Brennerei stammt, handelt es sich um Single Malt! Verantwortlich dafür ist der Masterblender der Firma, wahre Könner ihrer Kunst, die dafür sorgen, dass ein einmal kreierter Whisky immer gleich riecht und schmeckt. Erst nach mindestens drei Jahren Reifezeit darf sich dieses Destillat in Schottland Scotch Whisky nennen. Steht eine Zahl auf einer Flasche, z. B. 12, dann bedeutet das, dass jeder Tropfen mindestens so lange in einem schottischen Lagerhaus Zeit zur Reifung hatte. Älterer Whisky darf auch drin sein, jüngerer nicht!

Abfüllung

Ist der Whisky zur Zufriedenheit des Masterblenders gereift, wird abgefüllt. Man unterscheidet *Single cask*-Abfüllungen, also Abfüllungen aus einem einzigen Fass; das steht dann auf der Flasche. Oder es werden mehrere Fässer, oft über 100, zu einem *batch* vermählt, was für eine größere Konsistenz sorgt. Auf diesen Weise ist es einfacher, sicherzustellen, dass der Whisky immer gleich schmeckt. Dann gibt es noch Whiskys in *cask strength* (Fassstärke), Sie finden diesen Begriff auf Flaschen, wenn bei der Abfüllung kein Wasser zugegeben wurde. Das Ergebnis ist besonders hochprozentig (55 Vol.-% Alkohol oder mehr). Es gibt aber auch 50-jährige Whiskys, deren Fassstärke nur wenig über der gesetzlichen Mindeststärke von 40 Vol.-% liegt. Normale Whiskys werden nach der Reifung mithilfe von Wasser meist auf 40 Vol.-%, 43 Vol.-% oder auf 46 Vol.-% Alkohol verdünnt.

REGIONEN, STILE UND VARIANTEN

In Schottland bis hinauf zu den Orkney-Inseln wird Whisky gebrannt. Doch was ein schottischer Whisky ist, regelt punktgenau das Gesetz. Fast.

„Schottischer Whisky bewahrt ein Geheimnis, den Zauber seines Heimatortes." (Ivor Brown)

Wie regional ist Scotch Whisky?

Die gut über 100 schottischen Brennereien sind über ganz Schottland verstreut, und historisch gesehen gab und gibt es noch heute regionale Unterschiede. Diese waren zu früheren Zeiten allerdings noch gravierender. Die „Scotch Whisky Regulations", das Gesetz, an das sich alle zu halten haben, trägt dem insofern Rechnung, als dass darin alle Regionen explizit aufgeführt werden – und das auch Whiskyproduzenten auf ihre Flasche schreiben dürfen. Folgende Gebiete kennt das Gesetz: Campbeltown, Islay, Highlands, Lowlands und Speyside (siehe S. 48). Im Gesetzestext verankert sind die geografischen Grenzen der Regionen, nicht festgelegt sind dagegen die Stile oder geschmacklichen Eigenschaften, die ein Whisky aus einer bestimmten Region zu haben hat. Aussagen wie „dieser Whisky ist ein typischer Islay Whisky" haben daher eher eine Marketing-Bedeutung, denn eine in Stein gemeißelte Richtigkeit.

Natürlich kann man regionale Charakteristika erwarten. Ein Whisky, der von der Isle of Islay stammt, wird oft eher rauchig und torfig schmecken; aber: Er muss nicht. Selbst innerhalb derselben Brennerei werden Varianten kreiert. Caol Ila ist so ein Beispiel, ein traditionell rauchiger Whisky, aber es gibt auch Varianten, bei denen die Gerste ohne Rauch gedarrt wurde. Andererseits haben aufgrund der zunehmenden Popularität rauchiger Whiskys auch Hersteller im Gebiet Speyside, wo eigentlich nichttorfige Whiskys Tradition sind, begonnen, rauchige Varianten zu produzieren.

Es kommt noch etwas hinzu, was das Konzept der Regionen torpediert: Steht auf der Flasche „Lowland", muss der Whisky zwingend dort destilliert werden, aber nicht dort gelagert oder abgefüllt werden. Das war vor 100 Jahren sicher anders, zumal es viele Whiskysorten damals gar nicht überall zu kaufen gab. Meist bot man sie nur in der näheren Umgebung der Brennerei an. Heute verteilen gerade die größeren Hersteller ihre Fässer auf verschiedene Lagerhäuser, was vor allem der Risikominimierung dient. Sollte der unwahrscheinliche Fall eintreten, dass ein größeres Feuer ausbricht, wäre es fatal, wenn alle Bestände derselben Destille am gleichen Ort lagerten. Andere Firmen haben größere zentrale Lagerhäuser, um die Logistik zu konzentrieren und die Abfüllung besser planen zu können. Ganz wenige, dazu gehört Bruichladdich oder zu einem bestimmten Teil auch Glenfiddich, füllen am Lager und Brennort ab. Kleine Hersteller beauftragen oft einen Dienstleister in einem anderen Teil Schottlands mit der Abfüllung. Das Wasser, das bei der Verdünnung zugesetzt wird, ist dann allerdings ein anderes als jenes, das bei der Herstellung verwendet wurde.

Zudem gibt es Brennereien, die weder eine eigene Fassabfüllung betreiben, noch vor Ort größere Lagerhäuser besitzen. Sie schicken das frische Destillat per Tanklastzug in ein Zentrallager, Beispiele sind Caol Ila oder Tobermory. Deswegen sind diese Produkte nicht schlechter – ganz und gar nicht –, nur muss man sich als Verbraucher manchmal von einer romantisierenden Vorstellung über den Whisky verabschieden. Auch wenn die Hersteller diese so gerne aufrechterhalten. Am Ende entscheidet sowieso der Geschmack.

OB versus IB

„OB" steht für *original bottling* und soll heißen, dass derjenige, der die Flasche abfüllt, auch Eigentümer der Brennerei ist. Man hat also volle Kontrolle vom Brennen über das Reifen bis zur Abfül-

lung. Und ist der Herr im eigenen Hause, sozusagen. Dem gegenüber steht der Begriff „IB", was *independent bottler* bedeutet. Es
handelt sich dabei um eine Firma, die den Whisky als frisches
Destillat kauft und die Fässer dann entweder in eigene Lagerhäuser
transportiert oder gegen eine Gebühr im Lagerhaus des Brenners
liegen lässt. Das hat eigentlich eine lange Tradition: Viele Destilleri-
en hatten vor 50 Jahren gar keine eigenen Flaschen auf dem Markt,
und der Malzwhisky wurde ausschließlich dazu hergestellt, in einen
Blended Scotch einzugehen. Manche Spirituosengeschäfte in
Schottland wie Cadenhead oder Signatory machten sich das zunut-
ze, kauften Fässer und füllten diese ab: zwar mit dem Namen der
Brennerei auf dem Etikett, aber in eigener Regie. Freilich birgt das
ein Risiko: Der Whisky wird ja frisch, also vor der Reifung gekauft,
da konnte es schon manchmal vorkommen, dass er sich im Fass
nicht so entwickelt wie gedacht. Der bedingungslose Glaube, dem

Die Destillerie Bruichladdich gehört zu den wenigen, die vor Ort abfüllen.

manch ein Whiskykenner nachhängt, „unabhängiger Abfüller = toll", stimmt also nicht; vielmehr handelt es sich um ein „Kann". Einen Vorteil haben solche Abfüllungen dennoch: Genießer bieten sich dadurch die Chance, früher stärker als heute, ein breiteres Spektrum einer Brennerei oder eines Stils probieren zu können.

Single Cask, Small batch und Standardabfüllung

Bei Whisky geht es fast immer um Konsistenz und gleichbleibende Qualität. Ein – sagen wir 10 Jahre alter – Ardbeg soll jahrein, jahraus gleich schmecken und nicht immer wieder anders. Das gilt analog für alle anderen Whiskys einer Marke. Um das zu gewährleisten, wird zunächst darauf geachtet, dass sich das frische Destillat nicht unterscheidet, und zur Reifung werden möglichst die gleichen Fässer benutzt. Bei Laphroaig werden beispielsweise seit einigen Jahren immer die Fässer des amerikanischen Whiskeys der Firma Maker's Mark verwendet. Damit sollen möglichst immer gleiche Ausgangsbedingungen für die Reifung erzeugt werden. Aber das funktioniert nur bis zu einem gewissen Grad. Die Lösung des Problems? Man mischt für eine Abfüllung immer mehrere Fässer zusammen – das können schon mal 150 sein – und nennt das Ganze ein *batch*. In jedem Fass fällt die Reifung ein klein wenig unterschiedlich aus, daher reicht es nicht aus, einfach nur die Fässer zu mischen, sondern es erfolgt eine kurze sensorische Prüfung, bevor der Inhalt eines Fasses in den Mischtank gegossen wird. Der Aufwand dafür wird nicht übertrieben. Es wird einfach eine Probe aus dem Fass genommen und kurz daran gerochen, ein gewisser Spielraum bleibt natürlich. Trotzdem: Auf diese Weise gewährleisten die Hersteller ein gleichbleibendes Profil.

Wie trinkt man Single Malt?

Es gibt keine allgemein gültige Regel, außer vielleicht der: Sie sollen Freude daran haben!

Es spricht gar nichts dagegen, den Whisky in einem Tumbler, vielleicht sogar mit etwas Eis, zu genießen. Freilich, wenn ein Whisky gekühlt ist, dann hat er ein anderes Aromenspektrum. Es kommt zudem auf die äußeren Umstände an. Sind Sie im Sommer auf einer Grillparty, ist es vielleicht nicht sonderlich aufregend, mit einem *Nosing*-Glas in der Hand über Aromen zu diskutieren. Einfach mit Freunden einen Whisky zu trinken, ist auch eine schöne Sache.

Bei Spirituosenwettbewerben, in der Rezeptentwicklung für Blended Scotch oder anlässlich einer neue Abfüllung aus verschiedenen Fässern gelten dagegen andere Regeln. Professionell verkostet wird immer pur, also nicht als Drink. Ziel ist es, möglichst viele Aromen zu erkennen und festzustellen, wie diese harmonieren oder ob einige besonders dominant sind. Oder Fehlern, falls vorhanden, auf die Spur zu kommen und ein allgemeines Geschmacksurteil abzugeben. Ein Masterblender hat meist jeden Tag eine Menge Whisky zu verkosten, allerdings wird fast immer nur gerochen. Erst wenn es an die finale Zusammenstellung geht, wird auch verkostet.

Zunächst benötigt man ein geeignetes Glas. Dieses muss so geschaffen sein, dass ausreichend Whisky genügend Platz hat, in der Regel sind es 2 cl oder 4 cl. Die Aromastoffe benötigen Raum, um sich entfalten zu können; durch das Glas werden diese zur Nase hin konzentriert. In der Fachsprache nennt man solche Gläser *Nosing*-Gläser, die es in diversen Varianten gibt. In letzter Zeit fallen Gläser mit eher abenteuerlichen Formen auf – in der Welt der Profis haben diese aber bislang keinen Einzug gehalten. Wer experimentierfreudig ist, kann sich natürlich Glasvarianten zulegen und einmal den gleichen Whisky aus verschiedenen Gläsern verkosten. Es ist erstaunlich, welche Unterschiede es da gibt!

Professionelle Verkoster verdünnen meistens die Spirituose mit stillem, neutralem Wasser; bei uns ist dafür Leitungswasser gut geeignet. Der Grund ist, dass der Alkohol in der Spirituose die Aromamoleküle bindet, diese müssen aber die Flüssigkeit verlassen, um direkt gerochen werden zu können. Salzige Mineralwässer mit einem starken Eigengeschmack sollte man meiden. Die Idee, das Wasser zu nehmen, das auch bei der Herstellung verwendet wurde, weil nur dieses die Aromen perfekt wiedergibt, ist in irgendeiner Marketingabteilung entstanden. Es hat einen gewissen Charme, z. B. das Wasser aus einem Bach auf Islay zum Verkosten zu nutzen, mehr aber auch nicht. Was die wenigsten in Betracht ziehen, es sei denn, es handelt sich um Fassstärke-Whisky: Der Whisky wurde ja schon einmal verdünnt, und zwar in der Abfüllanlage. Diese stehen jedoch, bis auf wenige Ausnahmen, nie am Destillationsort, was bedeutet, dass auch schon in der Brennerei eine andere Wassersorte zum Einsatz kam. Das gilt übrigens für alle Spirituosen.

Jeder Verkoster hat ein wenig seine eigene Herangehensweise. Viele Profis haben beim Whisky einiges an Wasser in der Probe, manche verdünnen den Whisky auf 30 bis 35 Vol.-% herunter. Technisch gesehen, handelt es sich dann nicht mehr um Whisky, denn der muss mindestens 40 Vol.-% haben. Es gibt allerdings auch Menschen, die Whisky immer so verkosten, wie er aus der

Flasche kommt; gerade bei hochprozentigen Versionen ist davon abzuraten. Ein Hinweis noch: Manche Whiskys werden nach der Zugabe von Wasser trüb. Das ist kein Makel, auch wenn es vielleicht nicht sonderlich schön aussieht. Es ist vielmehr ein Zeichen dafür, dass dieser Whisky nicht kältefiltriert wurde.

Whisky sollte Zimmertemperatur haben, man kann das Glas aber auch noch in der Hand leicht erwärmen. Schmecken kann der Mensch nur die fünf Primärgeschmäcker: süß, salzig, sauer, bitter und umami (= würzig); gerochen wird deutlich mehr. Entweder direkt oder wenn der Whisky im Mund ist, dann gelangen die Moleküle retronasal an das Riechepithel. Riechen kann jeder deutlich mehr, und zu üben macht in diesem Fall richtig Spaß! Wenn man trinkt, nimmt man nicht allzu große Schlucke, doch natürlich bleibt es auch nicht beim Nippen. Profiverkoster spucken die Spirituose wieder aus, man muss ja mehrere nacheinander verkosten. Privat zu Hause kann man darauf verzichten. Eine nette Sache ist übrigens auch, wenn man eine Art Massenverkostung organisiert, also mehrere Sorten Whisky gleichen Alters oder gleicher Lagerart (z. B. Sherry- vs. Bourbonfass) aus derselben Gegend oder unterschiedliche aus einer Brennerei am Start hat.

Dr. Bill Lumsden, der Masterblender der Brennerei Glenmorangie und Ardbeg, im Hintergrund die Brennblasen von Glenmorangie.

Whiskytrinker mögen natürlich auch die Abwechslung, selbst wenn sie einer Marke treu sein sollten. Daher gibt es neben den *finishes* auch die Möglichkeit, eine kleinere Menge von vielleicht nur zehn Fässern auszusuchen, die ein wenig abweichen, aber an sich gleiche sensorische Eigenschaften haben. Diese Alternative nennt sich *small batch*. Zuletzt gibt es noch die *Single cask*-Whiskys, deren Abfüllung aus einem einzigen Fass stammt. Es liegt auf der Hand, dass es davon nur eine begrenzte Anzahl Flaschen gibt – mehr, wenn es ein Ex-Sherryfass war, weniger bei einem Ex-Bourbonfass. Da kann man dann als Hersteller besonders gelungene Versionen anbieten, meist sind diese teurer und nicht automatisch besser. Aber eben „anders".

Trinkstärke versus Fassstärke

Es war Glenfarclas, der 1968 als erster Hersteller einen Whisky in Fassstärke anbot. Fassstärke bedeutet nicht immer, dass der Whisky besonders hochprozentig ist; meistens ist dem aber so. Der Begriff sagt nur: Bei der Abfüllung wurde nicht mit Wasser verdünnt. Whiskys mit diesem Etikett haben oftmals 55 Vol.-% Alkohol oder mehr, das hängt vom Alter und von den Lagerbedingungen ab. Es gibt auch Malts in Fassstärke mit nur 43 Vol.-%, aber dann handelt es sich um Sorten die 40 oder 50 Jahre im Fass verbracht haben – und ein normaler Whiskytrinker kann sich Flaschen, die 10 000 oder 20 000 Euro kosten, sowieso kaum leisten.

Trinkstärke ist kein fester Begriff, in der Regel sind damit Whiskys gemeint, die die vorgeschriebene Mindeststärke von 40 Vol.-% haben, und eine beliebte Variante ist 43 Vol.-%. In den letzten Jahren sind Whiskys gefragt mit 46 Vol.-% oder etwas darüber. Der Hintergrund ist: Ab dieser Stärke lässt sich getrost auf die Kältefiltration verzichten, weil die Fettsäuren im Whisky gelöst bleiben, also nicht herausgefiltert werden müssen. So bleiben die Aromen, die sich um die Fette sammeln, erhalten.

Sollte es vom gleichen Single Malt eine „normale" Version geben und eine in Fassstärke, sollte man eher zur stärkeren greifen, verdünnen kann man selbst. Viele Aromen werden schwach oder unbemerkbar, wenn ein Whisky auf Trinkstärke verdünnt wurde.

Fassgrößen

Die Größe des Fasses beeinflusst die Reifung ebenso wie das Eichenholz oder die erste Befüllung des Fasses. Denn je größer das Fass, desto weniger Holzinnenoberfläche hat es im Verhältnis zur Flüssigkeit. Vereinfacht gesprochen: In einem kleinen Fass reift der Whisky schneller; das stimmt nicht ganz genau, aber annähernd.

Die Hauptfassarten sind:
– ASB (American Standard Barrel), ca. 190 Liter
– Hogshead, ca. 250 Liter
– Sherry Butt, ca. 500 Liter
– Puncheon, ca. 550 Liter

In einem ASB kommen ca. 100 cm² auf einen Liter Whisky, bei einem Puncheon sind es nur noch rund 67 cm² pro Liter. Natürlich gibt es noch andere Größen, z. B. bei ehemaligen Weinfässern aus Frankreich, die gern zum Finishen eingesetzt werden. Die sogenannten Barriques haben ein Volumen von 225 Liter.

Die Hersteller können mit der Auswahl der Fässer den Charakter des Whiskys beeinflussen. Mittlerweile ist das ASB die am weitesten verbreitete Sorte.

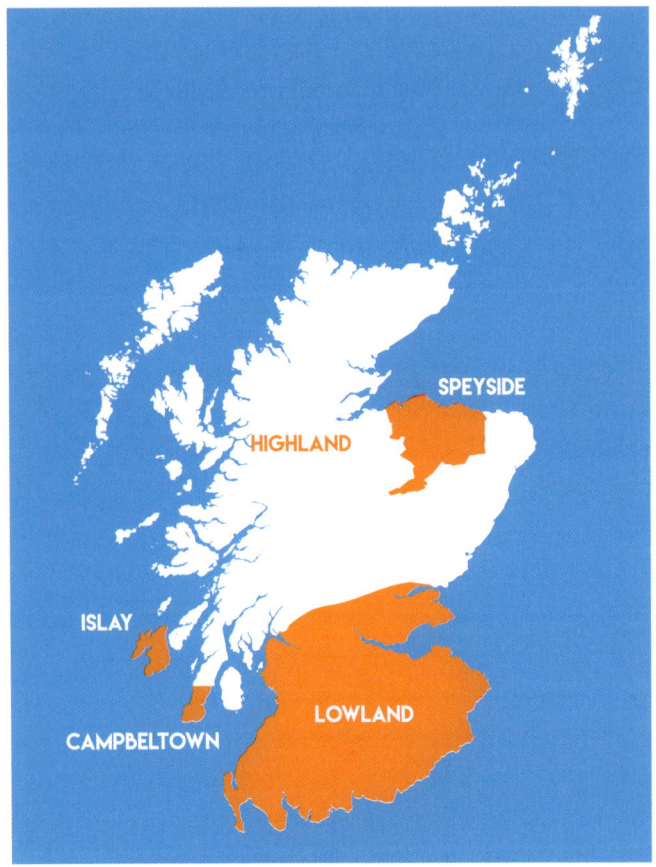

Karte der Scotch Whisky Association mit Hervorhebung der schottischen Whisky-Regionen

MARKEN

Whiskys sind sehr kräftig auf den
Inseln, malzig in den Highlands,
von manchen als die Besten
gelobt im Herzstück Speyside
sowie leicht und ungetorft in den
Lowlands. Slàinthe mhath!

Aberlour A'bunadh (Speyside)

Der Vorläufer der heutigen
Brennerei stand bereits
1826, nach einem Feuer
1879 zog die Destillerie an
den heutigen Standort um,
etwa eine Meile vom alten
entfernt. Dieser Speyside
Whisky gehört zu

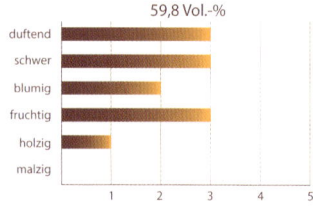

den süßlicheren und trägt die Handschrift der verwendeten Sherryfässer; er wird aus nicht rauchigem Malz gebrannt. Besonders zu empfehlen ist das Flaggschiff, der Aberlour A'bunadh, der in Fassstärke angeboten wird und ausschließlich in ehemaligen Oloroso-Sherryfässern reift. Er wird immer in Batches produziert, bislang waren es über 56, die sich leicht unterscheiden. Insgesamt vier Brennblasen sorgen für genügend Nachschub. Das ist nötig, denn Aberlour ist derzeit der sechst meistverkaufte Single Malt aus Schottland und seit Jahren in Frankreich Marktführer. Der Whisky reift zum größten Teil in den eigenen Lagerhäusern gleich neben der Brennerei. Ganz besonders zu empfehlen ist eine Führung durch Aberlour; in kaum einer Brennerei werden Gäste so freundlich und kompetent empfangen. Aberlour hat sehr viel von seinem ursprünglichen Charme bewahrt.

Ardbeg 10 Jahre (Islay)

Das offizielle Gründungsdatum für Ardbeg liegt im Jahr 1815, obwohl an dieser Stelle schon 1794 gebrannt wurde. Bis 1974 wurde sogar noch das Malz selbst hergestellt, 1981 wurde Ardbeg geschlossen, 1989 wurde wieder ein wenig gebrannt, 1996 war erneut Schluss. Es war dann 1997, als Glenmorangie die geschlossene Brennerei auf Islay übernahm, renovierte und zu neuem Glanz führte. Sehr zielstrebig wurde die Marke zum Kult aufgebaut, dazu dienen auch Sondereditionen, die limitiert auf den Markt kommen und dann sehr schnell im Preis steigen. Wer die Brennerei besucht, sollte auch im Besucherzentrum der Brennerei essen, die Küche hat einen tadellosen Ruf. Der Manager von Ardbeg, Micky Heads, ist ein echter Sohn der Insel und hat zuvor bei Laphroaig und Jura Erfahrungen gesammelt. Das verwendete Malz hat beim Zehnjährigen einen hohen Phenolgehalt

und gehört zu den rauchigsten, die für Standardabfüllungen verwendet werden. Eine Besonderheit bei der Herstellung ist der *purifier* an der zweiten Brennblase; er trägt dazu bei, dass der Whisky besonders fruchtige Noten erhält.

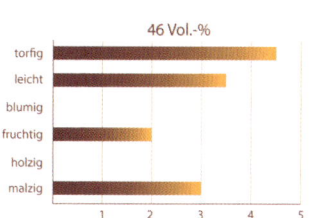

46 Vol.-%

torfig / leicht / blumig / fruchtig / holzig / malzig

1 2 3 4 5

Auchentoshan Three Wood
(Lowlands)

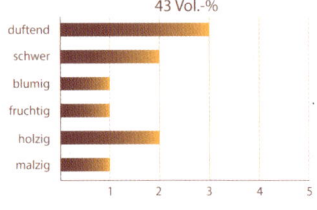

43 Vol.-%

	1	2	3	4	5
duftend					
schwer					
blumig					
fruchtig					
holzig					
malzig					

Viele Lowland-Destillerien gibt es nicht mehr, unweit von Glasgow gelegen ist die 1823 gegründete Auchentoshan eine Besonderheit. Als einzige Brennerei Schottlands wird

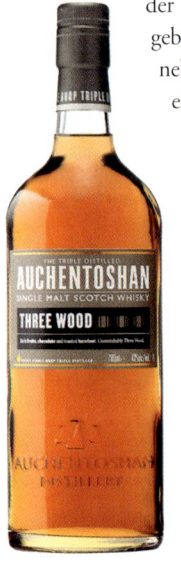

der Whisky hier nicht zwei-, sondern immer dreimal gebrannt. Dafür hat die Brennerei drei Brennblasen, neben den üblichen *wash still* und *spirit still* auch noch eine *intermediate still*. Das Resultat ist ein höherprozentiges Destillat, das den Auchentoshan insgesamt milder macht. Der Whisky ist traditionell nicht rauchig und besonders für Einsteiger geeignet; diese greifen gern zum Auchentoshan „Three Wood", der in Ex-Bourbon-, Ex-Oloroso- und Ex-Pedro-Ximénez-Fässern reift. Das Kühlwasser der Brennerei wird übrigens in einem Bombenkrater aus dem Zweiten Weltkrieg gesammelt, den ein deutscher Bomberangriff 1941 verursacht hat. Rund 20 000 Fässer lagern auf dem Gelände der Brennerei.

Balblair (Highlands)

Die Balblair Destillerie liegt
in den nördlichen Highlands
in der Nähe des Örtchens
Edderton. Der gälische Name
für die Brennerei ist „Baile
á Bhaláir" und bedeutet
„Schlachtfeld"; er geht zurück
auf die Raubzü-

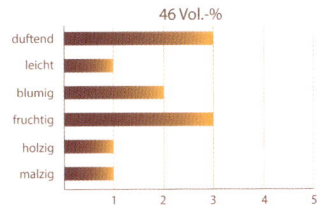

46 Vol.-%

duftend					
leicht					
blumig					
fruchtig					
holzig					
malzig					
	1	2	3	4	5

ge der Wikinger. Bereits 1790 wurde sie gegründet
und ist damit eine der ältesten Destillerien Schottlands. Einst gab es hier die längsten Lagerhäuser
Schottlands, aber moderne Schutzvorschriften
zwangen die Besitzer, Brandschutzmauern
in die Dunnage Warehouses einzuziehen.
Mittlerweile kann die Brennerei besichtigt
werden, und vor Ort gibt es eine *Distiller-
Only*-Abfüllung, die man sich selbst aus dem
Fass zapfen darf. Mit nur zwei Brennblasen
stellt man bei Balblair gut 1,75 Millionen
Liter/Flaschen Alkohol her. Der Whisky ist
nicht rauchig.

Balvenie (Speyside)

Als William Grant Balvenie 1892 baute, wurden Teile der Ausstattung von Lagavulin benutzt und von der damals existierenden Brennerei Glen Albyn hinzugekauft. Sie ist eine der wenigen Bren-

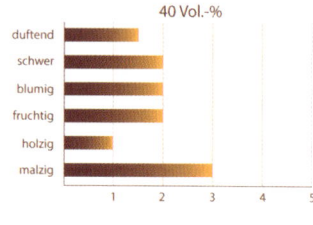

nereien, die auf eigenen *floor maltings* einen Teil des verwendeten Gerstenmalzes, gut 15 %, noch selbst herstellt. Balvenie, ansässig in Dufftown/Speyside, gehört zu den Top Ten der schottischen Brennereien. Knapp drei Millionen Flaschen finden jährlich ihre Käufer. Dieser Whisky wird in insgesamt elf Brennblasen produziert. Es gibt eine ganze Reihe verschiedener Balvenies, wobei der zwölf Jahre alte Double Wood, der zunächst in Bourbonfässern und anschließend in Oloroso-Sherryfässern reift, zu den populärsten gehört. Verantwortlich für die Whiskys ist David Stewart, der zu den respektabelsten und erfahrensten Masterblendern ganz Schottlands gehört. Von Balvenie werden immer wieder besonders alte Varianten angeboten.

Bowmore 12 Jahre (Islay)

Mit einem Gründungsdatum von 1779 ist Bowmore eine der ältesten Brennereien, die noch in Betrieb sind; auf der Insel Islay ist sie es sicher am längsten. Die Whiskys gehören zu den rauchigen, sind aber mit 25 ppm Phenolgehalt noch relativ mild. Rund 30 % des benötigten Malzes wird auf den eigenen *floor maltings* selbst hergestellt. Die Abwärme der Brennerei heizt das anliegende kommunale Schwimmbad, welches die Bowmore-Destillerie dem Ort gestiftet hat. Der zwischen 1993 und 1995 auf den Markt gekommene „Black Bowmore" aus dem Jahr 1964 war der erste Malt, der eine rasante Preissteigerung hinlegte und den internationalen Sammlermarkt in Aufregung versetzte. Seit 2012 ist zudem eine der wenigen Frauen in der Whiskyindustrie, Rachel Barrie, als Masterblenderin für die

Whiskys verantwortlich. Das Lagerhaus No 1 ist als Gebäude sogar noch älter als die Brennerei, wahrscheinlich überhaupt das älteste in ganz Schottland.

40 Vol.-%

	1	2	3	4	5
torfig					
schwer					
blumig					
fruchtig					
holzig					
malzig					

Bruichladdich (Islay)

Einst, zur Zeit ihrer Gründung 1881, war Bruichlad-
dich eine der modernsten
Brennereien Schottlands,
heute arbeitet sie (fast) noch
wie zu Queen Victorias Zeiten. Mit einem Unterschied:
Es gibt nun Strom.

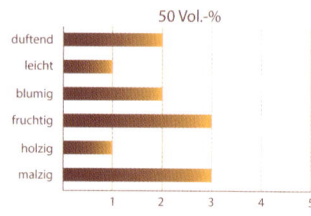

Als eine der wenigen Destillerien macht man noch alles
vor Ort, nicht nur finden hier Destillation und Reifung
statt, sondern auch die Abfüllung. Eine Seltenheit. Das
Credo lautet *terroir matters* (der Boden zählt). Der
Bruichladdich ist traditionell nicht rauchig, das
Malz kommt entweder nur aus Schottland oder
für spezielle Abfüllungen von der Insel Islay selbst.
Bruichladdich konnte die Bauern dazu bewegen,
wieder Gerste auf Islay anzubauen. Es gibt zudem
zwei rauchige Varianten: den Port Charlotte mit
40 ppm Phenol in der Gerste und einem sehr
dominanten Torf, eine Hommage an Robert
Harveys Original-Whisky (Gründer der Brennerei). Und den Octomore, der schon mal bis zu
160 ppm Phenol im Gerstenmalz haben kann.
Bruichladdich verzichtet immer auf Kältefiltration und auf die Zugabe von Zuckercouleur.

Clynelish 14 Jahre (Highlands)

Die Region, die einst eine wichtige Rolle in der Whisky-Geschichte spielte, ist Schottlands äußerster Nordosten, von dort stammt auch der Clynelish (ausgesprochen: „Kleinliish"). Die Brennerei wurde 1819 auf der

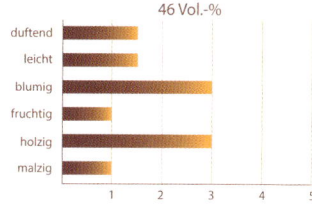

46 Vol.-%

Farm des späteren Duke of Sutherland erbaut und war der ideale Abnehmer von Gerste für die Pächter, die der Duke zuvor von ihren kleinen Höfen vertrieben hatte, um Raum für Schafe zu schaffen. Die Zeit wurde als *highland clearances* bekannt. Der Whisky von Clynelish genoss hohes Ansehen; man belieferte nur Privatkunden, Handelsbestellungen wies man von sich. 1886 schrieb der Chronist Alfred Barnard, dass Clynelish „immer der teuerste aller Scotch Whiskys" ist. Bis ins späte 20. Jahrhundert hinein gab es diese Whiskysorte nur von unabhängigen Abfüllern. Die ursprüngliche Destillerie wurde für einige Zeit stillgelegt, um von April 1969 bis Mai 1983 unter dem alten Namen Brora Destillerie weitergeführt zu werden. Sie produzierte einen getorften Whisky, der mittlerweile sehr gesucht ist. Die aktuelle Brennerei wurde erst 1967 erbaut und kürzlich renoviert und erweitert.

Dalmore 12 Jahre Malt (Highlands)

Am Cromarty Firth, mit
Zugang zum Meer in den
nördlichen Highlands
beheimatet, ist Dalmore
wie „aus dem Bilderbuch"
gelegen. Teile der Brenn-
anlage stammen noch aus
dem Jahr 1874,

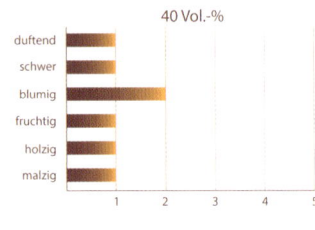

40 Vol.-%

	1	2	3	4	5
duftend					
schwer					
blumig					
fruchtig					
holzig					
malzig					

Dalmore selbst wurde 1839 in Alness, im Nordosten
der Highlands, gegründet und gehörte beinahe ein
Jahrhundert dem legendären Mackenzie Clan. Bis 1982
wurde hier in einer Saladin Box (Betonwanne) noch
selbst gemälzt. Die Brennblasen sind ungewöhnlich, die *wash stills* sind oben flach, und die *spirit
stills* besitzen im oberen Teil eine Wasserkühlung.
Ungewöhnlich ist auch, dass eine der vier *spirit
stills* mehr als doppelt so groß ist wie jede der
drei anderen. Der jeweils destillierte *new make*
unterscheidet sich daher stark. Dalmore verwendet
ungetorftes Malz und hat in der Regel deutliche
Sherrytöne, die von Oloroso-Sherryfässern her-
rühren. Der Großteil der Produktion lagert noch
in traditionellen Dunnage Warehouses vor Ort.

Glenfarclas 12 Jahre (Speyside)

Der Ur-Ur-Großvater des heutigen Besitzers John Grant kaufte am 8. Juni 1865 die Glenfarclas Destillerie für gut 500 Pfund Sterling. Gegründet wurde sie offiziell 1836, war da aber wohl schon über 30 Jahre als illegale Brennerei in Betrieb. Die Brennblasen gehören mit fast 30 000 Litern Fassungsvermögen zu den größten *pot stills* in Schottland; sechs Stück gibt es davon. Neben der Größe liegt die Besonderheit in der Befeuerung: Während nahezu alle anderen Destillerien Schottlands längst indirekt mit Dampfrohren in den Brennblasen die Würze und den Rohbrand erhitzen, setzt Glenfarclas konsequent auf direkte Hitze von unten, so wie es vor 50 Jahren noch üblich war. Diese Brennerei brachte 1968 auch als Erste einen Whisky in Fassstärke heraus, den Glenfarclas 105. Überproportional ist die Menge an genutzten Ex-Sherryfässern, die meisten enthielten zuvor Oloroso-Sherry. Die Weitergabe der Speyside-Brennerei an die nächsten Generationen ist gesichert, derzeit ist John Grants Sohn George in der Firmenleitung, seine kleine Tochter wird einst für den Whisky verantwortlich sein.

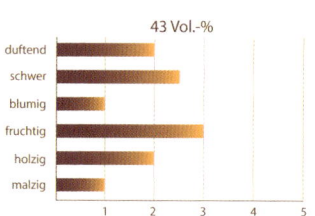

43 Vol.-%

duftend
schwer
blumig
fruchtig
holzig
malzig

1 2 3 4 5

Glenfiddich 12 Jahre (Speyside)

Die ehemaligen Manager von Glenfiddich waren die Ersten, die in den 1960er-Jahren die kuriose Idee hatten, ihren Whisky im großen Maßstab auch als Single Malt anzubieten. Mit Erfolg, zählt Glenfiddich in Speyside doch zu den größten Brennereien Schottlands. Der Whisky ist der meistverkaufte schottische Single Malt mit über einer Million *cases* beziehungsweise 13,1 Millionen Flaschen. Derzeit gibt es 31 Brennblasen, aber die Destille wird gerade erweitert. Produziert wird in zwei Brennhäusern: In einem werden die *pot stills* direkt mit Gas befeuert, im anderen indirekt. Masterblender ist Brian Kinsman, er ist erst der sechste Masterblender, den das Unternehmen beschäftigt. Erbaut wurde die Brennerei 1886 von William Grant, der zuvor für Mortlach gearbeitet hatte; seinen Nachfahren gehört die Firma noch heute. Die Gerätschaften hatte er damals gebraucht von der (heutigen)

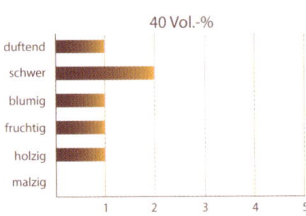

Cardhu-Brennerei gekauft. Das erste Besucherzentrum in einer schottischen Brennerei gab es hier bereits 1969 und sie ist zudem die meistbesuchte Destillerie Schottlands.

Glengoyne (Highlands)

Die Brennerei liegt genau an der Linie, die die Highlands von den Lowlands trennt, sodass die Lagerhäuser über die Straße in den Lowlands stehen. Die relative Nähe zu Glasgow macht die seit

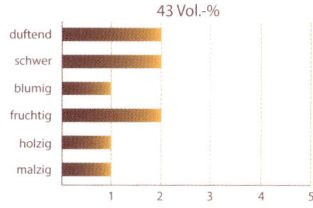

43 Vol.-%

duftend
schwer
blumig
fruchtig
holzig
malzig

1 2 3 4 5

2003 in privater Hand befindliche Destillerie zu einem beliebten Ausflugziel. Die Whiskys reifen in Ex-Bourbon- und Ex-Sherryfässern, das Holz für die Letzteren stammt aus den Wäldern Spaniens. George Connel begann 1820 auf der Burnfoot Farm of Glenguin, illegal Whisky zu destillieren, erst 1833 kaufte er eine Lizenz. Den Namen Glengoyne erhielt die Brennerei 1907. 1899 ertrank der Manager Cochran Cartwright in dem kleinen See nahebei, angeblich spukt noch heute sein Geist hier herum. Für Besucher werden sieben unterschiedliche Touren angeboten, die von 45 Minuten bis zu fünf Stunden dauern.

Glen Grant 12 Jahre 40% GP
(Speyside)

Es waren die Brüder John und James Grant, die 1840 eine Lizenz zur Whiskyherstellung in Rothes/Speyside erwarben. Durch die ausgezeichnete Lage – der Hafen von Garmouth war über

40 Vol.-%

	1	2	3	4	5
duftend					
leicht					
blumig					
fruchtig					
holzig					
malzig					

den nahen Fluss Spey leicht zu erreichen und auch die Gerstenfelder lagen nah genug – gelang es sogleich, besten Single Malt zu brennen. Glen Grant hatte bis vor Kurzem mit Dennis Malcolm OBE eine Branchenlegende als Destillery Manager unter Vertrag. Mit 15 Jahren begann er dort seine Ausbildung zum Küfer. Was nicht verwundert, wurde er doch auf dem Destillerie-Gelände geboren. Glen Grant kam fast immer nur als junger Whisky in den Verkauf, alte Bestände gab es wenig, zudem ging der Großteil der Produktion in den Blended Scotch. 2013 wurde auf dem Gelände eine eigene Abfüllanlage errichtet, nun wird jede Flasche am Brennort abgefüllt; auch das Besucherzentrum wurde neu gestaltet. Die Brennblasen haben sogenannte *purifiers*: ein Teil des Destillats fließt immer wieder zurück in die Brennblasen. Dadurch ist der Whisky mild und leicht. Lohnenswert ist auch ein Besuch des sehr großen Gartens.

The Glenlivet 18 Jahre (Speyside)

Die von George Smith auf der ehemaligen Upper Drumin Farm gegründete Destillerie in der Region Speyside war die erste Brennerei, die nach dem „Excise Act" von 1823 den Weg der Illegalität

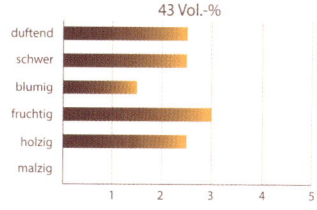

43 Vol.-%

verließ und eine Brennlizenz erwarb. Dies missfiel den restlichen Schwarzbrennern so sehr, dass George Smith mit zwei Pistolen bewaffnet sein musste, um sich und die Brennerei zu schützen. Die Destillerie verfügt über ein modernes Besucherzentrum mit angeschlossenem Shop, in dem auch Varianten verkauft werden, die im normalen Handel nicht erhältlich sind. Als Schmankerl können Wanderer auf den alten Schmugglerpfaden wandeln, die bei der Brennerei beginnen. The Glenlivet ist eine der größten Brennereien Schottlands, ihr Whisky rivalisiert mit Glenfiddich um den Titel der meistverkauften Scotch Single Malt. Mit „The Guardians of The Glenlivet" hat die Firma ein Programm aufgelegt, das Whisky-Genießer stärker einbinden soll.

Glenmorangie Original 10 Jahre (Highlands)

Die in Tain, im Norden Schottlands, gelegene Brennerei Glenmorangie gilt als Pionierin des Woodfinishing, dem Nachreifen in einem zweiten, anderen Fass. Mit dem *finish* in einem anderen Fass wurde systematisch Ende der 1980er-Jahre begonnen. Der Erfolg und die entstehenden Varianten haben dazu geführt, dass heute auch viele andere Hersteller *finishes* anbieten. Vorreiter in diesen Dingen ist der Director of Distilling and Whisky Creation, Dr. Bill Lumsden. Die Brennblasen gehören mit 5,14 Meter zu den höchsten in Schottland, bei Glenmorangie behauptet man: Dadurch sei man dem Himmel näher und der Whisky besser. Die *stills* waren ursprünglich dazu gedacht, Gin herzustellen, in ihnen kann ein leichter Whisky destilliert werden. Mit rund sechs Millionen verkauften Flaschen gehört Glenmorangie zu den ganz großen Marken. Als Single Malt Whisky gibt es ihn erst seit den 1970er-Jahren, obwohl hier bereits seit 1843 destilliert wird. Ursprünglich lag das Hauptinteresse darin, Whisky für Blends zu produzieren.

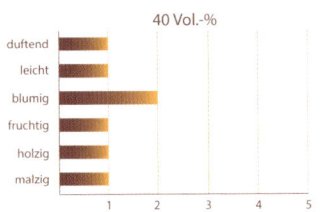

40 Vol.-%

duftend
leicht
blumig
fruchtig
holzig
malzig

1   2   3   4   5

Highland Park 12 Jahre 40% GP
(Islands)

Diese Brennerei liegt oberhalb der Inselhauptstadt Kirkwall auf den Orkney Islands auf einem kleinen Hügel, dem High Park. Sie gehört zu den wenigen Destillerien Schottlands, die einen

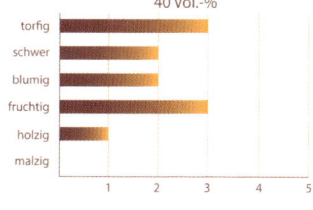

Teil (30%) der benötigten Gerste noch selbst mälzen. Das selbst produzierte Malz wird vor dem Maischen mit nichtrauchigem Malz gemischt. Highland Park hat eine lange Tradition in der Whiskyherstellung, bereits 1798 wurde Whisky gebrannt, legal aber erst seit 1826. Die Destillerie ist für ihre ausgezeichneten Sherryfässer berühmt, in welchen der Whisky reift. Das Holz wird in Spanien vier Jahre luftgetrocknet, bevor die daraus hergestellten Fässer für gut drei Jahre mit Sherry befüllt werden. Man kolportiert, dass die Firma pro Jahr rund zehn Millionen Pfund alleine in die Fässer investiert. Derzeit werden jährlich gut zwei Millionen Liter Alkohol destilliert, die Brennerei hat jedoch noch Kapazitätsreserven nach oben. Mit diversen Sondereditionen hat sich Highland Park nicht nur eine treue Fangemeinde geschaffen, die Whiskys sind auch zu begehrten Sammelobjekten geworden.

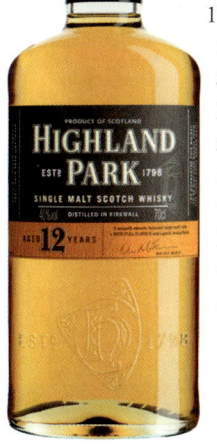

Knockando 12 Jahre
(Speyside)

Fast scheint es, als sei die Zeit stehen geblieben. Gegründet wurde die Brennerei 1898, die Baupläne zeichnete der legendäre Architekt Charles Doig. Wer bei Knockando vorbeikommt, dem fallen zunächst die grauen Lagerhäuser auf und das ehemalige Büro des Steuerbeamten. Immer noch ziert die alte Bemalung die Glasscheibe: *Customs & Excise Office* ist da zu lesen, obwohl der Beamte ihrer Majestät schon seit gut 50 Jahren nicht mehr hier residiert. Der Whisky war immer eine wichtige Komponente im J&B Blend. Knockando reift in einer Mischung aus ehemaligen Bourbonfässern und solchen, die zuvor spanischen Sherry enthielten. Das Ergebnis ist ein ganz klassischer Speyside Whisky, der zu Unrecht ein Schattendasein führt und vergleichsweise preisgünstig ist. Knockando gehört mit rund 1,4 Millionen Litern Produktion ins untere Mittelfeld, rund 600 000 Flaschen werden jährlich verkauft.

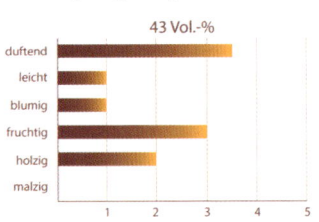

66

Lagavulin 16 Jahre (Islay)

Steht man am Pier der Brennerei Lagavulin, wo früher kleine Boote leere Fässer vom Postdampfer an Land und die mit wertvollem reifem Malt gefüllten Whiskyfässer hinausbrachten, kann man am Eingang der Bucht die Ruinen von Dunyvaig Castle (gälisch: *Dun Naomhaig*) kaum übersehen. Im 12. Jahrhundert lag hier der Flottenstützpunkt Somerled des ersten Lord of the Isles. Gegründet wurde Lagavulin wohl um 1816; 1908 bis 1960 gab es auf dem Gelände noch eine zweite Brennerei, Maltmill genannt; angeblich existieren noch drei Flaschen davon. Diese Geschichte wurde 2012 durch Ken Loachs Film *Angel's Share* weltbekannt. Früher wurde die Gerste per Schiff gebracht, und der Whisky verließ die Insel übers Meer. Mit der *S.S. Pibroch* besaß Lagavulin sogar ein eigenes Dampfschiff, von 1924 bis 1956 fuhr es zwischen Glasgow und Islay hin und her. Heute kommt das Malz für den Lagavulin von den Port Ellen Maltings auf Islay und hat gut 35 ppm Phenol. Lagavulin ist ein typischer Islay-Vertreter, von allen wohl der schwerste, öligste und komplexeste.

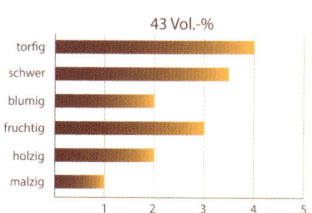

43 Vol.-%

torfig
schwer
blumig
fruchtig
holzig
malzig

1   2   3   4   5

Laphroaig 10 Jahre (Islay)

Der Klassiker schlechthin
ist der zehnjährige
Laphroaig, auch wenn im
Laufe der Jahre einige
Varianten hinzukamen.
Der Whisky ist der
beliebteste der Insel Islay.
Ein Teil des

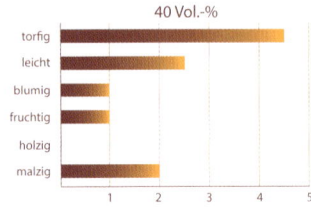

benötigten Malzes wird immer noch selbst hergestellt
und ist sogar noch etwas rauchiger als das zugekaufte,
das rund 40 ppm Phenol aufweist. Eine Erfolgsge-
schichte ist das Kundenbindungsprogramm *Friends
of Laphroaig*. Ein neuer *friend* bekommt einen
squarefoot Land hinter der Brennerei und dazu
eine Urkunde; im Internet kann man nach
seinem *plot* suchen. Bei einem Besuch in der
Brennerei darf man zudem einen Schluck Whisky
genießen – und es kann ein Fähnchen in das
„eigene" Grundstück gesteckt werden. Verkaufen
oder bebauen geht leider nicht. Selbst Prince
Charles mag den Whisky, als eines der wenigen
Produkte der Insel trägt der Laphroaig ein *royal
warrant* des Thronfolgers. (Der Prinz lagert sogar
eigene Fässer in der Brennerei!)

Mortlach (Speyside)

Die Brennerei war die erste
legal gegründete in Dufftown
im Jahr 1823, eine der sieben
Brennereien, die das Sprich-
wort prägten: „Rome was
built on seven hills but Dufftown is built on seven stills."

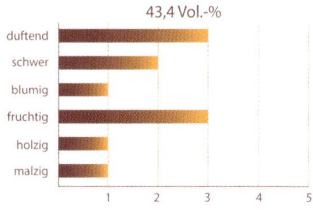

43,4 Vol.-%

duftend
schwer
blumig
fruchtig
holzig
malzig

1 2 3 4 5

Dabei handelte es

sich um Balvenie, Convalmore, Dufftown. Glendullan,
Glenfiddich, Mortlach und Parkmore. Lange Zeit war
dieser Whisky kaum erhältlich, bis der heutige Besitzer Diageo 2014 entschied, eine eigene neue Serie
mit vier Varianten dieses Malts, zwei davon ohne
Altersangabe, auf den Markt zu bringen. Ungewöhnlich ist die Destillation, die Diageo als
„2,81-fache" bezeichnet, da die sechs Brennblasen unterschiedlich befüllt werden und der
Whisky in einer *The Wee Witchie* genannten *spirit
still* ein drittes Mal gebrannt wird. Eine weitere
Besonderheit des untypisch schweren Speyside
Whiskys sind die altmodischen *worm tubs*, lang
gestreckte Kühlschlangen, in denen der Feinbrand kondensiert.

Old Pulteney (Highlands)

Den Namen hat die Brennerei von Sir Walter Pulteney, dem Direktor der Britischen Fischerei Gesellschaft, der 1810 beschloss, in der Nähe von Wick eine neue Stadt nebst Hafen zu bauen, damals unter dem Namen Pulteney-town, um den durch die *highland clearances* vertriebenen Bauern Arbeit zu geben. Lange Zeit war der Ort der größte Heringshafen Europas; heute ist er ganz in Wick aufge-gangen. Die Brennerei gibt es seit 1826 und hat heute das Problem, dass sie mitten im Ort liegt und eine Erweiterung kaum möglich ist. Viele Dinge sind ungewöhnlich bei diesem Whisky: Die Brennblasen haben eine ungewöhnliche Form mit einem großen *boiling ball*, der für einen höheren Rückfluss sorgt, und sie sind oben abgeschnitten. Zudem sind die *condenser* nicht wie üblich aus Kupfer, sondern aus Edelstahl, was die ältere Technik der *worm tubs* nachempfindet.

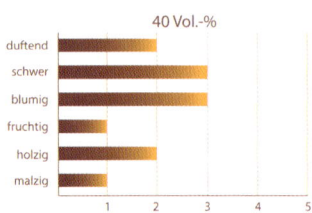

Royal Lochnagar 12 Jahre
(Highlands)

Nach dem Besuch von Queen Victoria und ihrem deutschen Mann Prince Albert im Jahr 1848 wurde die Destillerie zum Hoflieferanten und erhielt das Recht, den Namen

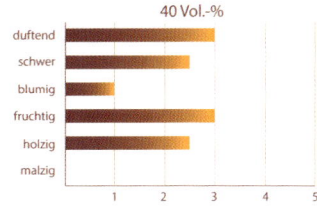

Lochnagar mit dem Zusatz *royal* zu schmücken. Die Brennerei liegt sogar in Sichtweite von Schloss Balmoral am Fluss Dee. Royal Lochnagar ist mit 500 000 Litern Kapazität und zwei Brennblasen eine der kleinsten Destillerien Schottlands und sehr „unmodern" bei der Produktion. Einige Geräte sehen noch aus wie zu Queen Victorias Zeiten. Hin und wieder werden ältere Versionen dieses Whiskys angeboten, der Großteil der Produktion wird für Blends benötigt. Seit 1845 gibt es die heutige Destillerie, vor mehr als 50 Jahren wurde hier zum letzten Mal im größeren Stil renoviert. Es ist fast eine Art Boutique-Whisky, der nicht besonders bekannt ist. Ein feines kleines Besucherzentrum nebst Laden sollte man sich nicht entgehen lassen.

Springbank (Campbeltown)

Seit 1828 gibt es Springbank, die Brennerei im Westen Schottlands ist seit 1837 in Händen der Familie Mitchell. Ihr gehört auch der unabhängige Abfüller Cadenhead sowie die um die Ecke gelegene Brennerei Glengyle. Springbank stellt drei verschiedene Malts her mit einem unterschiedlichen Phenolgehalt im Gerstenmalz: Springbank hat 12 bis 15 ppm Phenol und wird sozusagen 2,5-mal gebrannt. Außerdem produziert man den zweifach gebrannten Longrow mit etwas über 50 ppm Phenol und den dreifach destillierten Hazelburn, der aus ungetorftem Malz hergestellt wird. Was man an Malz benötigt, wird in der Brennerei aus Gerste selbst hergestellt. Das gibt es sonst nirgends mehr in Schottland. Auch die drei Brennblasen sind einzigartig: Die *wash still* wird sowohl direkt mit einem Ölbrenner beheizt als auch mit eingebauten Dampfrohren. Eine der beiden *spirit*

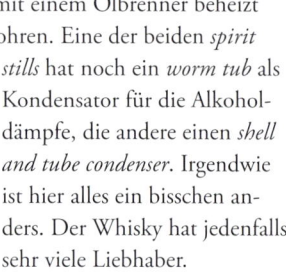

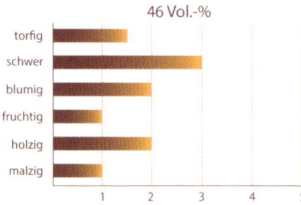

stills hat noch ein *worm tub* als Kondensator für die Alkohol- dämpfe, die andere einen *shell and tube condenser*. Irgendwie ist hier alles ein bisschen an- ders. Der Whisky hat jedenfalls sehr viele Liebhaber.

Tobermory 10 Jahre
(Islands)

Die einzige Brennerei auf der Insel Mull wurde im Jahr 1798 eröffnet, hatte jedoch in ihrer langen Geschichte häufiger längere Perioden, wo sie geschlossen war, zuletzt von 1930 bis 1972. Seit 1989 wird hier wieder voll gearbeitet, und seit dieser Zeit wird nicht nur der ungetorfte Tobermory produziert, sondern auch der leicht rauchige Ledaig mit gut 35 ppm Phenol. Mull ist nur per Schiff und Flugboot zu erreichen, sehr viele Besucher hat die Destille daher nicht. Umso freundlicher wird man begrüßt, nicht selten vom Manager selbst. Die Brennerei liegt im gleichnamigen Ort, der ursprünglich ein Fischerdorf war. Es geht dort immer noch seemännisch zu und ein paar urwüchsige Pubs wie *The Mishnish* laden zum Verweilen ein.

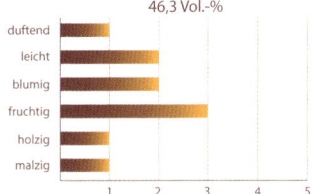

46,3 Vol.-%

Wolfburn (Highlands)

Seit der Gründung 2013 ist
die Brennerei die nörd-
lichste auf den schotti-
schen *mainland* und liegt
in einem schmucklosen
Industriegebiet in Thurso.
Vier Industriehallen bilden
das Ensemble, in einer sind

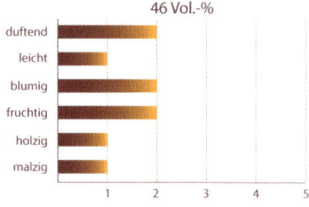

die Destillationsanlagen untergebracht, drei dienen als Lagerhäuser. Ein paar Hundert Meter entfernt liegen die Ruinen der
ehemaligen Wolfburn Brennerei, der im 19. Jahrhundert
ein kurzes Leben beschieden war. Mit 125 000 Litern
Produktionsvolumen ist Wolfburn eine der kleinen neu-
en Destillerien; den Whisky gibt es erst seit 2016. Er
ist ungetorft, während gut 15 % der Destillation mit
einem geringen Phenolgehalt von 10 ppm produziert
werden. Um ein breites Spektrum an Whiskys anbieten zu können, werden drei verschiedene Fassarten
verwendet: zwei Ex-Bourbonfässer unterschiedlicher
Größe und Ex-Sherryfässer. Bewusst wird dieser
Whisky ohne Computerunterstützung und ganz
traditionell von Hand gemacht. Derzeit bietet man
zwei Sorten an: den Northland, der in Ex-Bourbon
Quarter Casks reift, und den Aurora aus Ex-Bourbon
Hogsheads und Oloroso-Sherryfässern. Geplant ist
eine dritte für besonders gelungene Destillate.

WHISKY-DRINKS

7 klassische Drinks, die mit Scotch
Whisky zubereitet werden:

Rusty Nail

Rob Roy

Blood and Sand

Affinity Cocktail

Godfather

Hot Toddy

Scotch Sour

Rusty Nail

Geschichte

Einer der echten Klassiker, eine Mischung aus nur zwei Zutaten. Es ist eher ein lieblicher After-Dinner-Drink. Drambuie ist ein Whisky-Honig-Likör, seine Herkunft wird Prince Charles Edward Stuart (Bonnie Prince Charlie) zugeschrieben, der diese Spezialität als Stärkung in der Schlacht mit sich führte. Bekannt wurde der Drink in den 1960er-Jahren, als der Hersteller von Drambuie diesen Drink stärker bewarb. Angeblich soll er auch vom „Rat Pack" gerne getrunken worden sein.

Zutaten

6 cl Whisky
3 cl Drambuie

Zubereitung

Beide Zutaten werden direkt auf viel Eis mit einem Rührstab im Glas vermischt.

Es gibt auch Genießer, die auf ein 1:1-Verhältnis schwören, aber im Allgemeinen gilt dies als zu süß.

Rob Roy

Geschichte

Angeblich entstand dieser Drink im Jahre 1894 im New Yorker
Waldorf Astoria Hotel zu Ehren der Premiere der Oper „Rob Roy".
Zu dieser Zeit wurden dort bereits Manhattans gemixt, diese macht
man allerdings mit Rye Whiskey. Für gewöhnlich nimmt man für
einen Rob Roy einen milden (nicht rauchigen) Blended Scotch.

Zutaten

4,5 cl Whisky
2,5 cl roter Wermut
2 Spritzer Angostura Bitter

Zubereitung

Die Zutaten werden auf viel Eis in einem Rührglas verrührt und
dann in ein geeistes Martiniglas abgeseiht.

Wie beim Manhattan gibt es eine Dry Variante nur mit trockenem
Wermut.

Als Dekoration eignet sich eine Cocktailkirsche, beim „Dry" auch
eine Zitronenzeste. Wer experimentieren mag: Unterschiedliche
Sorten Wermut bieten sich an, ebenso Variationen beim Whisky.

Blood and Sand

Geschichte

Namensgeber dieses Drinks ist der Stummfilm „Blood and Sand"
von 1922 mit Rudolph Valentino als Torero in der Hauptrolle. Die
Stierkampfarena hat Sand als Bodenbelag, und der besiegte Stier
blutet natürlich. Niedergeschrieben hat den Drink Harry Craddock
im „Savoy Cocktailbook" von 1930.

Zutaten

2 cl frisch gepresster Orangensaft
2 cl Scotch Whisky
2 cl Cherry Brandy
2 cl roter Wermut

Zubereitung

Alle Zutaten im Cocktailshaker mit reichlich Eiswürfeln kräftig
schütteln und in ein Cocktailglas abseihen.

Blutorangensaft geht auch. Wem der Drink zu süß ist, sollte Cherry
Brandy und Wermut reduzieren.

Der Drink kann ohne Dekoration oder mit einer Orangenzeste
serviert werden.

Affinity Cocktail

Geschichte

Der Drink dient als Aperitif und ist eine Manhattan-Variante wie
der Rob Roy; er war in den 1920er-Jahren in Mode.

Zutaten

3 cl Whisky
3 cl roter Wermut
3 cl trockener Wermut
1–2 Spritzer Angostura Bitter

Zubereitung

Die Zutaten werden auf viel Eis in einem Rührglas verrührt und
dann in ein geeistes Martiniglas abgeseiht.

Als Dekoration eignet sich eine Zitronenzeste.

Godfather

Geschichte

Der Hersteller von Amaretto Disaronno behauptet, der Drink wäre der Lieblingsdrink von Marlon Brando gewesen, der bekanntermaßen die Hauptrolle in dem Film „The Godfather" („Der Pate") gespielt hat. Das Rezept variiert.

Zutaten

6 cl Whisky
3 cl Amaretto

Zubereitung

Beide Zutaten werden direkt auf viel Eis mit einem Rührstab im Glas vermischt.

Es gibt auch ein Rezept, wobei die Zutaten im Verhältnis 1:1 gemischt werden; wer es süßer mag, genau richtig.

Der Drink wird ohne Dekoration serviert.

Hot Toddy

Geschichte

Toddy ist eigentlich die Bezeichnung für Palmwein, der in Kolo-
nialzeiten in Indien und Ceylon üblicherweise getrunken wurde.
Hier ist aber eine britische Spezialität gemeint, die schon im
18. Jahrhundert getrunken wurde und Einzug in ein Werk von
Charles Dickens fand. Im Prinzip ist der Drink auch als Grog
bekannt. Man kann die eingesetzten Gewürze je nach Stimmung
gut variieren.

Zutaten

6 cl Whisky
1–2 TL Zucker
1 TL Honig
2 cl frisch gepresster Zitronensaft
Nelken & Zimt, evtl. Muskat

Zubereitung

Whisky, Zucker und Honig in einem hitzebeständigen Glas ver-
rühren, Nelken dazu und mit heißem Wasser aufgießen.

Die Zimtstange dazugeben und eine Zitronenscheibe.

Scotch Sour

Geschichte

Diese Variante eines Whiskey Sour kann es in sich haben. Ein Scotch Sour unterscheidet sich je nach Whisky sehr deutlich von der Version mit Bourbon oder Rye Whiskey. Besonders wenn ein rauchiger Malt oder Blend als Basis dient. Als Basisrezept soll der Vorschlag aus David A. Emburys Werk „The Fine Art of Mixing Drinks" dienen.

Zutaten

8 cl Whisky
2 cl frisch gepresster Zitronensaft
1 cl Zuckersirup

Zubereitung

Die Zutaten kräftig in einem Cocktailshaker schütteln und in ein gekühltes Champagnerglas abseihen oder in einen mit Eis gefüllten Tumbler.

Wer mag, kann auch ein halbes Eiweiß mitshaken, der Drink wird dadurch etwas milder und cremiger in der Konsistenz. Obendrauf kann noch ein Schuss Sodawasser gegeben werden.

Die klassische Dekoration sind ein Stück Orange und eine Cocktailkirsche.

Glossar

Angel's share
Anteil an Alkohol, der sich durch die Fasslagerung verflüchtigt und somit für „die Engel" ist. Im schottischen Durchschnitt ca. 2 % bis 3 % im Jahr.

Baby Whisky/New Make
Bezeichnung für das frische Destillat, das eben noch nicht Whisky heißen darf, da er dafür mindestens drei Jahre gelagert haben muss.

Blended Malt
Früher Vatted Malt oder Pure Malt. Entsteht durch das Mischen von einzelnen Single Malt Whiskys verschiedener Brennereien.

Blended Whisky
Eine Zusammenführung aus Grain Whisky und verschiedenen Single Malt Whiskys. Je nach Verhältnis von Single Malt Whisky zu Grain Whisky spricht man von Standard, Premium oder De-Luxe-Blended Whisky.

Cask Strength Whisky
Der Whisky wird unverdünnt vom Fass in Flaschen abgefüllt, ist also dann hochprozentig. Es gibt aber auch *Cask Strength*-Whisky, der eine normale Trinkstärke von 43 Vol.-% hat. Dies kann vorkommen, wenn der Whisky sehr lang, z. B. 50 Jahre, im Fass lagerte.

Chillfiltration, Kühl- oder Kaltfiltration
Bei diesem in Schottland angewandten Verfahren wird der Whisky auf rund –2 °C bis –5 °C heruntergekühlt, wodurch sich viele der unerwünschten Stoffe verfestigen und anschließend mechanisch herausgefiltert werden können.

Column Still
Eine kontinuierliche Brennblase, in der in Schottland Grain Whisky oder auch Neutralalkohol hergestellt werden.

Condenser
Sind die Geräte, in denen der Destillationsdampf durch Kühlung wieder flüssig wird, also kondensiert. Es gibt den *shell and tube condenser* und die älteren *worm tubs*. Mit *worm tubs* sind noch ca. zehn Brennereien ausgestattet.

Destillation
Der Prozess der Konzentrierung und Trennung des Alkohols nach der Vergärung. In Schottland wird in der Regel zweifach destilliert. Die erste Destillation liefert einen Rohbrand, die *low wines* mit einem Alkoholgehalt von 21 bis 25 Vol.-%. Die zweite Destillation liefert das Endprodukt mit ca. 70 bis 76 Vol.-%. Bei dreifacher Destillation liegt der Feinbrand eher bei 80 Vol.-%.

Glossar

Draff
Feste Bestandteile, die nach dem Maischen übrig bleiben, werden traditionell zu Viehfutter verarbeitet. Neuere Betriebe beginnen auch, daraus Energie zu gewinnen.

Ex-Bourbon
Fässer aus Amerikanischer Weißeiche *(Quercus alba)*, in denen zuvor Bourbon Whiskey lagerte. Sie liefern eher Vanille- und Karamelltöne für den Whisky.

Ex-Sherry
Fässer aus Spanien, in denen vormals Sherry reifte, sind traditionell aus Europäischer Eiche *(Quercus rubor)* gefertigt. Neuerdings kommen auch verstärkt Fässer zum Einsatz, die aus Amerikanischer Eiche hergestellt wurden. Diese Fässer sind für den wunderschönen Charakter von Rosinen oder Trockenfrüchten verantwortlich.

Fass/Fässer
Die Lagerung im Fass gibt dem Whisky seinen endgültigen Charakter. Zwischen 60 % bis 80 % des Charakters des Endprodukts stammen nach gängiger Meinung aus dem Fass. Die Fassgrößen variieren von ca. 190 Liter (American Barrel) bis hin zu 500 Liter fassenden Sherry Butts aus Spanien.

Feints oder Tails
Der Nachlauf der zweiten Destillation kommt in der Regel wieder in die zweite Brennblase und wird erneut gebrannt.

Finishing/Nachreifung
Wird ein Whisky nach der eigentlichen Reifezeit in ein zweites Fass umgefüllt, spricht man von *finishing* (Nachreifung) oder auch von *double mature*. Dieses zweite Fass hat in der Regel einen ausgeprägten Eigengeschmack (z. B. Madeira-, Port- oder weitere Sherryvarianten) und verleiht dem gereiften Whisky zusätzliche Noten.

First Fill
Bezeichnung für gebrauchte Fässer, die zum ersten Mal mit schottischem Whisky befüllt werden.

Floor Malting/Malting Floor
Die Tennenmälzerei, die traditionelle Art, Getreide in Malz umzuwandeln, um die Stärke in Zucker zu verwandeln, wird derzeit noch von fünf Brennereien praktiziert.

Glossar

Foreshots
Der Vorlauf der zweiten Destillation kommt oft wieder in die zweite Brennblase.

Gärung
Auch Fermentation. In den *washbacks* wird die Würze mithilfe von Hefe in der Regel in mindestens 48 Stunden, oft länger, in eine rund 8-Vol.-%-haltige Flüssigkeit, die sogenannte *wash*, umgewandelt. Im Prinzip ähnelt es ein starkes, saures Bier nur ohne Hopfen.

Grain Whisky
Wird nicht nur aus gemälzter Gerste, sondern vorwiegend aus anderen Getreidesorten (z. B. Weizen oder Mais) in einem kontinuierlichen Brennverfahren in einer *patent still* oder *Coffey still* hergestellt. Dieses Verfahren ist kostengünstiger und produziert einen „reineren", also aroma- und geschmacksneutraleren Whisky.

Green Malt
Die gekeimte, aber noch nicht gedarrte Gerste, auch grünes Malz genannt.

Hefe
Ein lebender Mikroorganismus aus der Familie der Schlauchpilze, der zur Gärung benötigt wird. Indem sie sich von Zucker ernährt, produziert sie Alkohol, Aromastoffe und Kohlendioxid als Nebenprodukt. Zum Einsatz kommt Reinzuchthefe der Art *Saccharomyces cerevisiae*.

Intermediate Still
Zweite von drei Brennblasen; gibt es derzeit nur bei Auchentoshan/Lowlands oder in Irland

Kiln (Malzdarre)
Das Gebäude, in dem das grüne Malz nach dem Keimen zu Malz gedarrt wird. Wenn auch heute nur noch bei wenigen Brennereien in Gebrauch, ist es immer noch an dem pagodenartigen Aufsatz auf dem Kamin zu erkennen. Wird bei dem Darren auch Torf eingesetzt, erhält der Whisky ein rauchiges Aroma.

Low Wines
Das erste Destillat, das aus den *wash stills* kommt, hat in der Regel zwischen 20 Vol.-% und 25 Vol.-% Alkohol. Wird in Deutschland auch als Raubrand oder Rohbrand bezeichnet.

Middle Cut oder Heart of The Run
Das sogenannte Herzstück der Destillation. Diese wasserklare Flüssigkeit wird nach der Reifung zum Whisky.

Glossar

Maischen
Nach dem Mälzen der Gerste wird diese geschrotet und anschließend mit Wasser unterschiedlicher Temperatur vermischt, um den beim Mälzen entstandenen Zucker zu extrahieren. Dabei entsteht eine zuckerhaltige Lösung, die Würze (engl. *wort*) genannt wird. Das Maischen geschieht in einem *mash tun* (dt. Läuterbottich) genannten Behälter mit mehreren Tonnen Fassungsvermögen.

Malt/Malz
Durch Keimung und anschließende Trocknung, dem Darren, aus Gerste entstandenes Produkt zur Herstellung von Malt Whisky. Die Malz wurde bis in die 1960er-Jahre in fast allen Destillerien selbst durchgeführt, derzeit mälzen nur noch fünf Brennereien einen Teil selbst. In der Regel wird Malz von spezialisierten Mälzereien nach genauen Vorgaben gekauft.

Mash Tuns
Große Bottiche, mit mehreren Tonnen Fassungsvermögen, in ihnen findet das Maischen statt.

New Make/New Spirit
Bezeichnung für das frische Destillat. In der Regel hat es um die 70 Vol.-% Alkohol, die gesetzliche Obergrenze in Schottland liegt bei 94,8 Vol.-%.

Patent Still
Arbeitet im Gegensatz zur *pot still* im kontinuierlichen Betrieb. In einer *patent still* oder *Coffey still* wird in hohen Metallröhren mit vielen Trennböden der Alkohol aus der Getreidemaische herausdestilliert. Findet Verwendung zur Herstellung von Grain Whisky und American Whiskey.

Pot Still
Kupferne Brennblase zum Abtrennen von Alkohol durch Destillation.

Phenole
Bezeichnung für die aromareichen chemischen Bestandteile, die der Whisky aus dem Torf aufnimmt. Maßangaben in ppm (parts per million). Rauchige Whiskys haben einen Gehalt ab 20 ppm, der derzeitig rauchigste Whisky hat an die 170 ppm Phenol.

ppm
1 ppm = 10^{-6} = Teile pro Million = 0,0001%

Reifung/Lagerung
Nach der Destillation wird der *new make* in ein Fass abgefüllt und in Lagerhäusern über mindestens drei Jahre zur Reife gebracht. In Schottland muss Whisky

Glossar

mindestens drei Jahre in Eichenholzfässern reifen, um das Prädikat „Scotch Whisky" tragen zu dürfen.

Single Malt Whisky
Malz-Whisky aus einer einzigen Brennerei. Diese Whiskys werden in Schottland ausschließlich aus gemälzter Gerste hergestellt.

Spirit Safe
Kontrollgerät bei der Whiskyproduktion. Ein früher mit zwei Schlössern verschlossener Kasten, in dem der Brenner das Destillat kontrollieren kann, die Alkoholstärke feststellt sowie Vor- und Nachlauf vom Herzstück abtrennt.

Spirit Still
Bezeichnung für die Brennblasen, in denen die *low wines* aus der *wash still* auf die gewünschte Alkoholstärke gebracht werden.

Vergärung/Gärung
Auch Fermentation genannt. Der Prozess der Umwandlung von Zucker in Alkohol und Kohlendioxid durch Zusatz von Hefe.

Warehouse
Die Lagerhäuser sind traditionell sogenannte *dunnage warehouses* aus Stein, die meist feucht sind und nur Platz für drei Lagen Fässer übereinander haben. Im Gegensatz zu den *racked warehouses*, wo in Regalen bis zu sieben Fässer übereinanderliegen. Die neuesten Lagerhäuser sind *palletised*, d. h. die Fässer stehen auf Paletten, oftmals sieben übereinander.

Wash
Bezeichnung für die alkoholhaltige Flüssigkeit, die entsteht, wenn die Würze (wort) in den *washbacks* durch Hefe vergoren wurde. In der Regel mit 8 Vol.-% Alkohol.

Washback
Bezeichnung für die Bottiche, in denen Gärung stattfindet. Diese sind entweder aus Holz, Gusseisen oder Edelstahl.

Wash Still
Die erste Brennblase, in der die erste Destillation stattfindet. Hier wird die 8-Vol.-%-*wash* auf ca. 25 Vol.-% destilliert.

Wood Management
Fasspolitik. Bezeichnet den gezielten Einsatz verschiedener Fässer, um die gewünschten Aromen beim Whisky zu erreichen.